AF542849

DÉPOT LÉGAL
ILLE-ET-VILAINE
N° 1
1851

PARLONS HARDIMENT

PAR

M. DE LA VILLIROUËT

AUTEUR

Des Chiffres Prophétiques de Napoléon III

> O Marie, conçue sans péché, regardez la France, priez pour la France, sauvez la France. Plus elle est coupable, plus elle a besoin de votre intercession. Un mot à Jésus, reposant dans vos bras, et la France est sauvée, ô Jésus, obéissant à Marie.
>
> *Prière quotidienne* de Pie IX

RENNES
IMPRIMERIE T. HAUVESPRE
4, rue Nationale, 4

1871

Lb 57 2208

AVIS AU LECTEUR.

Placé sur le terrain brûlant des graves questions qui divisent si profondément les hommes politiques, nous avons sérieusement cherché les causes de nos égarements et de nos malheurs ; et la logique des faits, la voix irrésistible des événements, jointe aux leçons de l'histoire et aux plus imposantes autorités, nous conduisent à un résultat que nous n'avions pas prévu et qui nous semble rigoureux. Pourquoi faut-il que cette solution du plus grand des problèmes sociaux se trouve en désaccord avec les tendances de l'esprit contemporain ? C'est pour l'auteur de cette étude un malheur et un écueil qui ont dû le faire hésiter sur l'utilité et l'à-propos d'une telle publication. Cependant, comme il s'agit ici, pour notre société agonisante, de la formidable alternative de la vie ou de la mort, nous avons pensé que des considérations personnelles ne devaient pas nous arrêter. N'ayant eu d'abord qu'un ardent désir de connaître le vrai sur cette grande question qui nous occupe et nous intéresse tous à un si haut degré, les réflexions qu'elle nous a suggérées pourront aussi en provoquer d'autres qui seront meilleures, surtout si elles sont faites sans parti pris et sans ces préventions passionnées, hélas ! trop communes, qui opposent à la vérité des obstacles souvent invincibles. Nous serions donc heureux, si nos idées pouvaient susciter des preuves plus concluantes, ou des vues plus pratiques, propres à dénouer définitivement ce drame si long, si compliqué, si terrible, au milieu duquel, depuis 80 ans, se débattent la France et l'Europe.

Lorsque dans une ville un édifice monumental est la proie des flammes, chaque citoyen s'empresse d'y courir. En présence des ruines fumantes de *Paris*, et des inexplicables fureurs de ces hommes, qui menacent aujourd'hui du même sort toutes les grandes cités de la France et de l'Europe, c'est pour tous le devoir de pousser à l'unisson une clameur immense et de crier *Au Feu !!!*

TRAITS CARACTÉRISTIQUES

DU XIXe SIÈCLE

Nous sommes bien malades, parce que nous sommes bien coupables. Essayons de nous rendre, de notre état réel, un compte rapide, mais impartial et sincère. A la vue de nos égarements, nous comprendrons mieux combien nous méritons d'être châtiés ; et, adorant la main qui nous frappe, tout homme de foi sera porté à une plus vive gratitude, si comme nous en avons l'espoir et même la confiance très-intime, après l'heure formidable de la justice, vont arriver pour l'Église et pour le monde, des jours bénis et un épanchement admirable des divines miséricordes.

En considérant dans leur ensemble nos plaies et nos misères sociales, ce qui se passe et ce qui se fait aujourd'hui, est sans exemple dans l'histoire. Que l'on examine, que l'on compare, toute hésitation cessera, et le doute se changera en certitude.

L'homme-type du XIXe siècle s'est, au pied de la lettre,

divinisé, ne voulant plus, ne reconnaissant plus d'autre Dieu que lui-même. Mais en se divinisant il s'est *animalisé*. Il se dit brute, il se croit brute, il se fait brute. On dirait même qu'il veut descendre plus bas, en sorte que son prodigieux orgueil n'a d'égal, que sa bassesse et sa dégradation.

Son aveuglement ne paraît pas moins étrange, il tâtonne sans cesse ; il patauge, pour ainsi parler, dans les ténèbres les plus épaisses et les plus fangeuses de l'erreur.. C'est là sa lumière et son soleil.

Quelle Babel que le milieu confus où s'agite et se tourmente le monde européen! quelle division partout, quel chaos de contradictions ! En un mot, dans le vaste domaine des opinions et des idées, quelle anarchie universelle ! A peine s'y peut-il rencontrer deux esprits d'accord, deux cœurs qui battent à l'unisson.

Cette génération si éprise d'elle-même, si jalouse de son indépendance , si passionnée pour la liberté de tout dire afin d'avoir celle de tout faire est, par un contraste stupéfiant, de la servilité la plus abjecte. Qu'était hier, par exemple, la France du second empire napoléonien?... Un immense troupeau d'esclaves, où cinq à six cents mille fonctionnaires subissaient les volontés despotiques d'un seul homme, et où l'on voyait près de 40 millions d'êtres humains se courber à leur tour, sous le joug de cette armée de bureaucrates ou de valets enrégimentés, se faisant ainsi les serfs obséquieux de tous ces esclaves officiels. Tel est donc le chef-d'œuvre de la liberté moderne: l'omnipotence, la centralisation administrative, et l'ignoble hiérarchie de la servitude.

L'âge contemporain est encore le grand foyer et comme le quartier général de toutes les erreurs, mais on peut l'appeler spécialement l'âge et le règne du mensonge.

Oui, sous quelque nom qu'il se cache, sous quelque livrée qu'il se déguise, le mensonge est aujourd'hui si commun que, sauf quelques exceptions, il est dans tous les cœurs comme sur toutes les lèvres. Ainsi, dans le commerce et dans les affaires, il est devenu, pour ainsi dire, la monnaie courante. On ment dans les actes, dans les paroles, dans les écrits ; la langue, la plume et les livres rivalisent de duplicité et de mauvaise foi, mais on ment surtout dans la politique. Ces quatre mots, par exemple, que nous ne cessons pas de répéter : *liberté, égalité, fraternité, souveraineté du peuple !* sont autant de mensonges énormes auxquels, malgré tant de cruelles déceptions, les masses continuent de se laisser prendre avec une crédulité incompréhensible.

La droiture et la franchise sont maintenant des qualités presque inconnues, des étrangères ou des exilées bannies depuis longtemps de cette terre de France, autrefois le siége de l'honneur, et dont le nom était le synonyme de loyauté. Hélas ! ce qui se fait, ce qui se voit, ce qu'on entend comme ce qu'on lit, est presque toujours faux ; la vérité, en toute chose, étant ce qu'il y a de plus rare et de plus introuvable. Ne dirait-on pas que l'imposteur par excellence est le chef d'une société qui lui ressemble par ce côté caractéristique, comme s'il l'avait faite à son image ?

L'esprit de licence, d'égoïsme et d'orgueil ayant prévalu généralement, tout ordre et toute subordination sociale tendent de plus en plus à s'effacer et à disparaître; les hommes ne connaissant plus de maître, et chacun voulant être le sien, il n'y a plus de gouvernement durable et régulier. La raison principale en est, que séparées de l'idée de Dieu, de l'existence d'un Être supérieur à l'homme, l'obéissance et l'autorité ne se conçoivent plus ;

et, sous un régime d'indifférence religieuse, c'est-à-dire, d'athéisme politique, la première n'est plus obligatoire, parce que la seconde cesse d'être légitime.

Le XIXe siècle se distingue aussi, de tous ses aînés, par sa haine et son mépris pour tout ce qui existait avant lui. Il est certain que dans ce dédain, dans cette aversion extraordinaire du passé, il ne ressemble à aucune autre époque, et qu'il soulève contre lui, la protestation du genre humain tout entier. Or, cet isolement systématique, cette séparation absolue des idées et des coutumes, des traditions et des croyances des sociétés antérieures, est un signe des plus manifestes de l'égarement contemporain, et même d'un orgueil poussé jusqu'au délire. Car l'homme qui est seul contre tous, et qui met sa raison privée au-dessus de la raison et de l'expérience universelle, est un cerveau malade, un véritable insensé, un fou complet.

Voici d'autres signes non moins sinistres. A cette époque si vantée de progrès, de bien-être et de jouissances, le nombre des suicides et des aliénés s'accroît dans des proportions effrayantes ; et autant ces tristes résultats, ces fruits amers de l'incrédulité et de l'orgueil, de la douleur et du désespoir, étaient rares en France du temps de nos pères, autant ils se multiplient sous nos yeux ; et le suicide notamment, qui, depuis la chute du paganisme, était un crime presque sans exemple, se compte maintenant par milliers. Il en est ainsi, plus ou moins, dans le reste de l'Europe depuis qu'elle a cessé d'être chrétienne !

Autre plaie mortelle, autre symptôme encore plus alarmant. Ces premiers éléments d'instruction qu'on fait sonner aux oreilles du peuple, sous le nom pompeux de *lumières*, et qui, séparés de l'enseignement religieux, ont par suite de la propagande des mauvais livres et des journaux impies, des résultats si funestes ; ces éléments, disons-nous, étant mis dans de telles conditions à la portée de toutes les classes, ont pour effet inévitable le progrès rapide de la corruption et de l'immoralité ; progrès dont s'épouvantent les magistrats, dont retentissent les tribunaux, et dont les arrêts de la justice nous apportent chaque année tant de témoignages désespérants. On est saisi de douleur et d'effroi, en présence de cet accroissement continu de délits, de crimes et d'attentats de toute nature qui envahissent la société comme un déluge, principalement dans les grandes villes, et parmi les populations qui passent pour les plus avancées.

Oui, afin d'arriver plutôt et plus sûrement à son but, la secte impie a surtout dirigé ses efforts contre la génération naissante ; et, depuis près d'un siècle, tous les moyens lui sont bons pour s'emparer de l'éducation de la jeunesse, pour déposer dans l'intelligence, pour développer dans le cœur de l'enfant le germe délétère de l'incrédulité ; et, comme elle est secondée, dans cette conjuration satanique, par la tolérance ou la complicité des gouvernements, elle se flatte, elle se vante plus que jamais de remporter prochainement une victoire décisive, et les succès qu'elle a déjà obtenus sont, pour l'avenir du monde social, un des symptômes les plus menaçants.

Il n'est que trop vrai, la France et l'Europe ne croient plus au Dieu crucifié. Descendues bien au-dessous des sociétés idolâtres, elles n'ont même plus, au moins politiquement, aucune foi publique. Préparée de longue main, cette apostasie générale a fini par éclater, et c'est en 1789, qu'elle s'est officiellement déclarée. C'est en 1789, que la société moderne a définitivement rompu avec le Christ et son Église ; et voilà pourquoi la Révolution française a été justement appelée une insurrection contre Dieu, c'est-à-dire un crime qui surpasse, dans son énormité, tous les attentats connus.

Le savant, le philosophe de nos jours a perdu totalement la foi. Il ne croit plus à Dieu, ou du moins il ne veut plus rien croire, il a surtout en horreur *le surnaturel* dont le nom seul l'émeut et l'irrite jusqu'à la colère, et cependant, la foi est un élément essentiel de notre raison, comme l'espérance et l'amour sont un double besoin de notre cœur. A tous les points de vue, la foi est pour l'homme une nécessité, et la vie du corps lui-même en dépend d'une manière si intime, qu'un homme qui ne voudrait goûter d'un aliment, qu'après avoir acquis la certitude absolue que cet aliment n'est pas empoisonné, mourrait infailliblement, avant d'arriver à une telle certitude. Il faut donc, dans l'habitude de la vie, se résigner, sous peine de mort, à voir presque toujours par les yeux ou par l'esprit des autres, et s'en rapporter à leur témoignage et même, en matière de foi religieuse, ne pas dire, comme Rousseau : *Si je voyais un miracle, je n'y croirais pas, mais je pense que j'en deviendrais fou;* car l'impie récuse non-seulement le témoignage humain, mais surtout le témoignage divin ; incrédulité qui a pour effet d'isoler entièrement nos libres-penseurs de Dieu et de l'humanité, de leur ôter jusqu'à cette raison vulgaire qui s'appelle le sens commun, et de réduire à un aveuglement stupide, qui ressemble à un suicide moral, des intelligences qui n'ont plus rien d'humain, étant vides de foi, d'espérance et d'amour.

Mais, d'un autre côté, comme la nature, plus forte que tous les sophismes, oblige l'homme, même le plus sceptique, de croire à quelqu'un et à quelque chose, il en résulte que cet orgueilleux philosophe, « pour ne pas » croire des mystères incompréhensibles, tombe, comme dit Bossuet, dans d'incompréhensibles erreurs, » et même qu'en se révoltant contre le surnaturel divin, il incline presque toujours plus ou moins vers le surnaturel diabolique. Car c'est encore là un fait très-commun ; le démon devient l'idole et le faux Dieu des insensés qui ne veulent plus du véritable.

Depuis que la société française s'est séparée violemment d'un long et glorieux passé, les excès et les ravages de l'impiété ne connaissent plus de bornes. On a vu d'abord les pouvoirs politiques se constituer et s'exercer en dehors de toute idée religieuse; se posant même en adversaires déclarés de l'Eglise, ils en sont venus à une persécution permanente et systématique contre les croyances chrétiennes en général, et, par dessus tout, contre le catholicisme ; enfin, ils ont banni de leurs conseils, de leurs assemblées et même de leurs lois, jusqu'au nom de la divinité, ce grand nom n'étant pas *parlementaire.*

A l'heure où nous traçons ces lignes, il n'existe pas en Europe un seul souverain, un seul gouvernement franchement catholique ; tous sont indifférents, ou incrédules ou persécuteurs. Depuis l'apparition de la vraie lumière, dans la personne du Fils de Dieu, jamais les crimes des puissants de la terre et, à leur exemple, ceux des peuples, n'avaient été si multipliés et si énormes ; et, ce qui leur imprime au plus haut degré un caractère de perversité, c'est l'excès d'ingratitude qui s'y révèle, c'est l'aveugle endurcissement de ces nations autrefois si chrétiennes, et des Français en particulier, après tant de grâces et de faveurs insignes dont la Providence s'était plu à les combler.

Donné par le pouvoir, l'exemple de la défection a produit, dans tous les degrés de la hiérarchie sociale, et particulièrement dans les masses populaires, des maux incalculables. Plus audacieux que tous leurs devanciers, les impies de notre époque ont, pour la première fois, organisé sous divers noms, des associations publiques, dans le but avoué de propager l'athéisme. La complicité tacite ou flagrante des gouvernements, n'a que trop bien servi leur haine implacable contre le Dieu personnel et principalement contre le Dieu fait homme, afin d'arriver de proche en proche, à faire d'un peuple et même de tous les peuples, un pêle-mêle épouvantable de matérialistes et d'athées; ils en sont venus à des applications pratiques et notamment à ces inhumations *solidaires*, qui ne s'étaient jamais vues et qui sont l'affront le plus impie qui ait encore été fait non-seulement à la foi chrétienne, mais aux sentiments innés et à la conscience universelle du genre humain.

Mais quelle preuve plus désolante de la dégradation morale de l'Europe, et de l'excès de son aveuglement, que son attitude et sa conduite envers le Saint-Siége? Pie IX, cet incomparable pontife, si plein de mansuétude et de bonté, dont le cœur paternel déborde d'amour, même pour les insensés qui le maudissent, est, à l'heure présente, honteusement abandonné par tous les cabinets, trahi et livré par le gouvernement français, avec les plus insignes raffinements de mauvaise foi et d'hypocrisie, il a perdu jusqu'à la liberté, étant retenu captif dans son propre palais par la révolution triomphante, qui, pour le détrôner et le dépouiller de ses Etats, s'est servi d'un prince Italien plus vil que Pilate et même que le disciple apostat. Eh bien ! malgré tant d'iniquités, en présence des attentats les plus exécrables, l'Europe entière est restée silencieuse et insensible, et, parmi les têtes couronnées, pas une seule voix, pas une seule prostestation ne s'est élevée pour stigmatiser les infâmes persécuteurs de cette auguste victime, dont le diadème sacré sauvegarde et soutient tous les autres diadèmes ; pas même un hommage public n'a été rendu au Vicaire visible de Jésus-Christ, à cet organe infaillible de la vérité, dont chaque parole a l'autorité d'un oracle du ciel, à cette vivante lumière qui seule, par la pureté de ses rayons, brillait encore sur l'horizon européen prêt à tomber, sans elle, dans une nuit absolue. Ne dirait-on pas que fatiguée, qu'importunée de cette voix et de cette lumière divine, une société, corrompue jusque dans les moelles, n'aspire désormais qu'au moment de les voir enfin l'une et l'autre s'éteindre et disparaître pour se plonger plus à l'aise, sans honte et sans remords, dans toute la profondeur de ses ténèbres ?

Or, à toutes les époques, les crimes commis contre la Papauté ont été punis d'une manière prompte et terrible. C'est une vérité historique d'une certitude reconnue, une loi invariable et sans exception de la justice infinie. Ici donc l'éclat et la grandeur des châtiments, doivent répondre au scandale et à l'énormité des attentats. Quelles étranges vicissitudes de gloire et d'humiliation, dans ce long règne de cinq lustres du 258e successeur de Pierre ! quelles douloureuses stations du chemin de croix de ce pontife dont la devise mystérieuse (1) était grosse, pour ainsi parler, de tant d'épreuves et de persécutions. Mais déjà le bras de la vengeance s'est levé contre les coupa-

(1) *Crux de cruce* : la croix de la croix, toutes les croix de Pie IX ne sont-elles pas, en effet, sorties de la maison de Savoie qui porte une croix dans ses armes ?

bles et s'est appesanti sur eux; déjà l'ange exterminateur, a couvert en un moment la France de sang et de ruines, déjà le chef, que dans sa folie elle s'était donnée, a succombé sans retour à Sedan dans une catastrophe aussi honteuse pour lui que désastreuse pour le grand peuple qui lui avait si aveuglément confié son honneur et sa fortune : et le caractère providentiel d'une chute si complète et si foudroyante surpasse encore, s'il est possible, celui de la chute du persécuteur de Pie VII, qui, après la journée de Waterloo, s'est éteint captif et oublié sur un îlot de l'Océan.... Mais hélas ! tout n'est pas fini, et le glaive de la justice divine n'est pas encore rentré dans le fourreau.

Cette conduite inqualifiable de l'Europe, cette série d'attentats monstrueux envers un Pape d'une sainteté consommée, ces iniquités sans nombre et sans mesure dans lesquelles s'enfoncent de plus en plus les nations du XIXe siècle ne témoignent que trop, que le génie du mal est aujourd'hui le maître et le tyran du monde ; et, depuis la chute du paganisme, depuis le triomphe de la croix, sous le premier empereur chrétien, jamais l'archange maudit n'avait été si puissant ; et, c'est au nom de cette partie du monde, si favorisée, si aimée de Dieu ; c'est en Italie, c'est en France, ce double foyer du catholicisme que l'enfer victorieux brave le ciel de nouveau, et que faisant tout ployer sous son joug, il asservit les corps et les âmes.

Mais Satan nous donne d'autres preuves, sinon plus manifestes, du moins plus directes et plus personnelles de sa présence et de son action visible ; car, sans parler ici des prestiges sans nombre qui, depuis plus d'un siècle, se sont produits, sous le nom général de *magnétisme* ou de *somnambulisme*, d'autres phénomènes, plus étranges encore et scientifiquement inexplicables, ont naguère apparu d'abord en Amérique, puis en Europe, et ont éclaté tout à coup aux yeux de myriades de témoins, sous les appellations diverses, de *manifestations fluidiques, d'esprits frappeurs, de tables tournantes et parlantes, etc.* Les esprits de malice répandus dans l'air, comme nous l'enseigne saint Paul et avec lui l'Eglise, ont abattu soudain, dans les deux hémisphères, leurs noires légions comparables à des nuées de sauterelles invisibles. Jamais les peuples et surtout les peuples chrétiens n'avaient subi une pareille invasion des puissances ténébreuses. Dans ce siècle qui se glorifie de ne plus croire qu'à la matière, ces faits surhumains qu'il est impossible de nier et qui, par leur nombre, leur nature et leur évidence, ont singulièrement déconcerté nos *libres-penseurs*, sont un des signes les plus incontestables de l'influence satanique dans le monde actuel : les observateurs religieux les ont considérés comme les moniteurs sinistres d'affreuses et prochaines calamités, qui, en effet ne se sont pas fait attendre.

Les Sociétés secrètes sont une autre plaie aussi profonde qu'invétérée, qui ne peut avoir une autre origine. Ces sociétés sont aujourd'hui répandues partout, et leurs millions d'affiliés, qui remplissent l'Europe, regardent l'époque présente comme celle de leur triomphe définitif. Il est notoire que les initiés de la franc-maçonnerie occupent, dans les divers gouvernements, de nombreux emplois, des postes importants, et même les plus hautes positions. Ce sont eux qui inspirent, qui dirigent les hommes d'État, et qui tiennent le timon des affaires. Toutes ces sectes occultes forment de véritables armées, assujéties à la plus sévère discipline et qui, d'autant plus redoutables qu'elles sont invisibles, minent sourdement le corps social avec une activité qui ne se repose jamais ;

tandis que ses ennemis du dehors l'attaquent à ciel ouvert par des assauts redoublés. Tous, publics ou secrets, ont un objectif commun et poursuivent un but identique, celui de détruire, parmi les hommes, tout culte religieux et, avant tout, le catholicisme. Constituées, sans doute, par Satan lui-même, ces sociétés peuvent, à bon droit, être considérées comme son œuvre propre, et même comme son chef-d'œuvre; car, humainement parlant, elles semblent désormais indestructibles. Aussi, sont-elles sorties de leur *incognito* et, se montrant au grand jour, elles ne font plus mystère de leurs projets et de leurs espérances.

La liberté de la presse est leur plus puissant moyen de propagande. Elles comprennent beaucoup mieux que la plupart des catholiques, que la faculté accordée au premier venu de déposer, chaque jour, par l'écriture ou par la parole, sous les yeux ou dans les oreilles de la foule, toutes ses pensées, c'est-à-dire toutes les erreurs qui l'égarent, toutes les mauvaises passions qui l'agitent, que cette faculté, disons-nous, est, comme le remarque l'illustre Donoso Cortès, le plus dangereux et le plus exorbitant des pouvoirs. Oui, la presse est, entre les mains de ces démolisseurs, une arme à laquelle rien ne résiste, un levier qui soulève le monde et qui ne le soulève que pour le renverser. En un mot, cette faculté illimitée de tout dire et de tout écrire, est un dissolvant infaillible, non-seulement pour détruire tous les liens et tous les principes sociaux, mais pour empêcher que rien ne s'établisse. Pourquoi ne serait-il pas légitime de faire tout ce qu'il est permis de publier? L'un est la conséquence rigoureuse de l'autre. Mais dès-lors l'erreur et la vérité ne sont plus que de pures abstractions ; le bien et le mal, le juste et l'injuste, doivent être mis au rang des chimères (1). Il

(1) Nous parlons et nous raisonnons beaucoup trop en France : et

nous semble qu'en matière de presse et de publicité, la règle la plus simple et la plus droite serait celle-ci : *Accorder au bien toute la liberté possible ; et, au contraire, laisser au mal le moins de liberté possible.* Hélas! la règle de la politique moderne est précisément inverse : on enlève à l'accomplissement du bien et l'on accorde à la propagation du mal le plus de liberté possible.

Les Sociétés secrètes, qui sont aujourd'hui la plaie hideuse, l'incurable cancer du monde européen, ont encore singulièrement contribué à surexciter les idées et les inspirations républicaines, à développer cet esprit démocratique, dont un partisan déclaré du gouvernement américain, M. de Tocqueville, suivait dans le cours des siècles, avec un étonnement voisin de l'épouvante, la marche et le progrès continu.

Sur un sujet d'une actualité aussi palpitante, écoutons cet arrêt d'un profond publiciste : *La France république serait la fin de l'Europe ; et l'Europe république serait la fin du monde* (Bonald, *Pensées*) (1).

S'appuyant sur le témoignage de l'histoire entière, un autre philosophe non moins illustre (de Maistre), constate que dans aucun temps on n'a vu de grande république s'établir et durer (2). Mais en supposant, ce que nous sommes

le raisonnement, dont nous sommes si fiers, est une triste preuve de plus de l'infirmité de notre raison, qui a tant de peine à découvrir la vérité, et qui, en la cherchant, n'aboutit le plus souvent qu'à l'erreur. Les esprits purs, les anges, si supérieurs à l'homme, ne ***raisonnent jamais***, leur intelligence saisissant le vrai en toute chose instantanément et à première vue.

(1) Donoso-Cortès et M. Guizot portent, sur le régime républicain, un jugement analogue.

(2) Pas même la République romaine qui, en dehors de sa toute-puissante capitale, n'était qu'un despotisme universel qui courbait

loin d'admettre, la possibilité et surtout la stabilité d'un pareil régime, dans certaines conditions et même dans un puissant état, on peut affirmer qu'il convient moins qu'à tout autre au peuple français, tant à cause de son caractère national que des treize siècles d'existence monarchique, qui lui ont fait, de ce gouvernement, une sorte de nécessité et comme une seconde nature. Prétendre aujourd'hui faire des Français de vrais républicains, c'est ressembler à un médecin qui voudrait changer le tempérament de son malade. D'ailleurs, les épreuves déjà faites sont là, démonstratives et foudroyantes. La constitution de 89 nous a donné, avec la terreur, l'affreux régime de l'échafaud, bientôt suivi de celui du sabre, ainsi que des invasions et des désastres du premier empire. La République de 1830, qui n'a fait que passer, a eu pour couronnement une usurpation des plus fatales qui, foulant aux pieds tous les droits, a porté à la morale publique une atteinte profonde et peut-être irréparable. Celle de 1848, a placé la France sous le joug d'un aventurier qui l'a précipitée dans une abîme de malheurs et d'infamies. Après de telles et si récentes expériences tenter un essai nouveau, ne serait-ce pas le comble de l'aveuglement?

Sans doute, si les hommes étaient des anges, le régime républicain pourrait leur être appliqué, parce que tout gouvernement leur serait bon, aucun ne leur étant nécessaire. C'est ainsi que les premiers chrétiens vivaient en commun sous le règne de la *liberté*, de l'*égalité* et de la

sous son joug tout l'ancien monde. Quant aux *Etats-Unis* qui, dans cette affreuse guerre de *sécession*, ont été si cruellement *désunis*, ils sont trop nouveaux pour servir d'exemple. « Un grand peuple, à peine âgé de cent ans, *est un enfant en maillot*, dit M. de Maistre ; laissons-le grandir. »

fraternité évangéliques, la loi d'*amour* leur tenant lieu de toutes les autres lois. Mais à mesure que la charité chrétienne s'est affaiblie parmi les hommes, il a fallu, pour maintenir entre eux, à défaut de l'ordre moral, l'ordre matériel, recourir à la force et au pouvoir humain; et, c'est ainsi que la puissance politique s'est exercée, agrandie, développée à proportion qu'avec la foi, s'est relâché le lien nécessaire et conservateur du pouvoir religieux.

Mais, nous le demandons, quelles sont, aujourd'hui, nos vertus républicaines? Avons-nous seulement celles des Grecs et des Romains? Où sont nos Aristide et nos Caton?... Jamais les masses populaires, et sans distinction de classe et de fortune, la nation prise dans sa généralité, n'ont présenté le triste spectacle d'une telle corruption. C'est un aveu, un cri universel que l'évidence de la vérité nous arrache; et, quand au lieu de vertus, nous ne pouvons produire et montrer que des vices, quand la science et l'esprit de désordres étant à leur comble, les Français ont le plus besoin d'être conduits, c'est-à-dire sagement et fortement gouvernés; c'est alors qu'on voudrait les placer sous un régime de liberté indéfinie!

Puisse la France mieux inspirée renoncer pour jamais à une forme de gouvernement qui, même dans les meilleures conditions, dégrade les âmes en les passionnant pour des progrès purement matériels et pour toutes les jouissances grossières, qui les remplit d'un vil égoïsme au lieu de sentiments généreux, et les bouffit d'un orgueil démesuré: plus d'esprit, de dévouement et de sacrifices: *Chacun chez soi, chacun pour soi.* Telle est la maxime favorite de la liberté moderne, maxime diamétralement opposée à la bienveillance naturelle de notre caractère national et surtout à la charité chrétienne. Dans la société comme dans l'individu, quand la chair domine, l'intelligence décline, et l'âme s'abaisse dès que remonte son élément matériel, se relevant, au contraire, aussitôt que celui-ci descend ; ce sont les deux bassins d'une balance.

L'agitation et l'instabilité sont encore un trait distinctif de la démocratie. C'est un jour qui n'a pas de lendemain ; c'est un état maladif, où la fièvre est au moins intermittente, quand elle n'est pas continue, et on appelle cela un état de vigueur et de santé. Pour un vrai démocrate, le passé n'est rien, l'avenir est peu, le présent est tout. Ennemi né de tout ce qui est au-dessus de lui, il ne cesse de prêcher une égalité impossible, puisqu'il n'est pas deux hommes qui se ressemblent et que la nature ait faits parfaitement égaux ; mais dans le fond, autant il déteste tout ce qui est au-dessus de lui, autant un grand nombre d'inférieurs sourit à sa vanité.

Dans les républiques modernes, point de croyances communes ni de culte public. Ce qu'on appelle gouvernement, protége indifféremment toutes les religions, les reconnaissant toutes et n'en professant aucune : système qui doit à la longue conduire les populations à une indifférence religieuse, ou à une incrédulité absolue.

Quelle est donc la véritable origine d'un engouement si extraordinaire ? Ne la cherchons pas ailleurs que dans un amour effréné d'indépendance et dans un immense orgueil. Au commencement, le démon avait dit à nos premiers parents : *Vous serez comme des dieux* ; et, cette parole ayant fait entrer dans leur cœur un esprit de révolte, ils désobéirent, et, avec l'innocence, ils perdirent aussitôt le bonheur.

Sous le règne de la seconde alliance, le génie du mal a, depuis quelques siècles, séduit les hommes par les mêmes promesses. Il a dit aux pauvres : *Vous serez comme les riches ;* il a dit aux petits : *Vous serez comme les grands ;* il a dit aux peuples : *Vous serez comme des rois.* Et les riches ont été dépouillés, et les grands sont à leur tour devenus petits, et les peuples ont régné à la place de leurs princes, qu'ils ont détrônés et assassinés.

Aujourd'hui, enfin, Satan répète aux derniers enfants du premier des hommes : *Vous serez comme des dieux ;* et ceux-ci l'ont cru, et ils adorent leur puissance, leur génie, leur chair ; et cette chair impure est devenue leur objet de prédilection. Aussi, pour l'impie du XIXe siècle, comme pour ceux qui périrent dans les flots vengeurs du déluge, *tout est Dieu, excepté Dieu même ;* car jamais la négation de la divinité n'a été si publique, si audacieuse, et proclamée par l'affreux concert de tant de voix humaines.

Nous vivons dans un temps qui se distingue de tous les autres par deux phénomènes étranges et même inexplicables au sein d'une société chrétienne. D'une part, c'est un goût de plus en plus passionné pour les démocraties ; de l'autre, c'est une aversion croissante pour la constitution monarchique. Sur les effets sociaux de deux régimes si contraires, les comparaisons sont inépuisables, et surtout décisives. Nous devons nous borner à quelques rapprochements, tirés presque textuellement des œuvres de M. de Bonald.

1° Remarquons d'abord qu'à mesure que la foi chrétienne abandonne l'Europe, l'esprit démocratique l'envahit de plus en plus, et que cette tendance fatale a pour point de départ l'époque de la *Renaissance païenne,* et l'apparition du *Luthéranisme.*

2° « La monarchie pure est le gouvernement *de tous » par un seul ;* la démocratie pure est le gouvernement *de*

» *tous par tous*, définition aussi peu claire que la chose » définie, et qui se contredit dans les termes. »

3° « Dans la monarchie, le pouvoir vient *d'en-haut*; il » descend de Dieu au Roi comme au père ; dans la répu- » blique, il surgit au contraire *d'en-bas*. Chacun donne » une chose qu'il n'a pas, et par conséquent qu'il ne peut » donner : le *pouvoir*. » Il y a là impiété et contradiction ; c'est comme si l'on prétendait que le père a reçu de ses enfants ses droits de chef de la famille : aussi, le régime démocratique tend-il visiblement à l'affaiblissement et même à la destruction de l'autorité paternelle.

4° Dans la monarchie catholique, c'est Dieu même qui commande et qui règne. Le roi n'est que son délégué, mais si le pouvoir émane du peuple, celui-ci, espèce d'hydre ou de monstre aux mille têtes, est proclamé le seul souverain et même le seul Dieu ; car la démocratie est athée : elle le reconnaît, elle s'en glorifie.

5° Dans l'état monarchique, tout est conduit par quelques hommes d'élite, sous la suprême autorité d'un seul. Il y a chance de sagesse et de capacité dans les actes... Dans la démocratie, c'est le grand nombre qui décide, c'est la majorité qui gouverne ; pouvoir arbitraire et presque toujours passionné et tyrannique. Rien, en général, de plus inintelligent, de plus capricieux qu'une grande assemblée qui délibère, « *et il y a de quoi trembler pour la* » *vérité, quand elle descend dans cette arène.* »

6° « Les gouvernements, fondés sur l'omnipotence du » nombre, ont pour base un principe radicalement faux, » savoir : *qu'il y a plus de lumière et de sagesse dans beaucoup* » *d'hommes réunis que dans quelques-uns, ou même dans* » *un seul*. Mais pour qu'il en fût ainsi, il faudrait ou que » les hommes fussent exempts de passions, ou que leurs

» passions se calmassent en se rapprochant, au lieu de de-
» venir plus ardentes et plus intraitables. »

7° « Un des caractères de la monarchie est la persé-
» vérance et la fixité... Le peuple n'a que des caprices, in-
» capable de vouloir longtemps et surtout d'exécuter. »

8° « Là, on parle peu, mais on agit énergiquement...,
» ici, l'abus de la parole est au comble, les démocrates
» babillent comme dans le premier âge. Rien n'égale l'inu-
» tilité de leurs longs discours..., le régime populaire a
» tous les défauts, toutes les infirmités de l'enfance com-
» me de la vieillesse, sans avoir aucun de ses avantages.»

9° La monarchie chrétienne porte l'homme à la subordination, à une obéissance sans sévérité... Dans une république l'obéissance est méprisée et odieuse.

10° « Dans la monarchie, ce sont les citoyens les plus
» riches, les plus puissants, les plus éclairés, les plus in-
» téressés au maintien de l'ordre, qui gouvernent, ad-
» ministrent, font et appliquent les lois... Sous le régime
» contraire, les ignorants, les pauvres qui n'ont rien à
» perdre et qui forment toujours l'immense majorité, sont
» juges, législateurs et souverains, etc., etc., etc. »

De ces contrastes si profonds, de ces incompatibilités infinies, la conséquence inexorable est que, les deux systèmes étant diamétralement opposés, si l'un est vrai, l'autre est radicalement faux ; si donc le principe monarchique est naturel, salutaire, conservateur, le principe contraire est dangereux et anti-social ; et tel est cependant le genre de gouvernement que, sous un nom ou sous un autre, on cherche plus que jamais à établir en Europe sur les ruines de toutes les monarchies. Une aberration si prodigieuse est, dans l'état presque désespéré de la société actuelle, le signe certain d'une dissolution prochaine, complète, inévitable, si, par quelque moyen extraordinaire, cette Providence adorable, que l'on nie, n'intervient pas pour arrêter le monde sur le bord de l'abîme où il se précipite (1).

Un autre écueil pour la raison du grand nombre, un autre élément corrupteur qui contribue à matérialiser le monde actuel et à augmenter ses aveuglements, ce sont nos prodigieuses découvertes ; et, comme cette manière de les considérer pourrait surprendre et même révolter plus d'un lecteur, une observation préliminaire est indispensable.

Les inventions vraiment utiles en elles-mêmes, qu'elles soient dues au génie de l'homme ou à ce qu'on appelle si improprement *le hasard* sont, en réalité, un don de Dieu, un nouveau bienfait de la Providence dont nous avons la liberté d'user bien ou mal ; mais pour en jouir légitimement et pour en éviter l'abus, nous avons, dans notre état d'infirmité morale, absolument besoin de l'assistance du véritable auteur de la découverte. Si donc, en jouissant du bienfait, nous méconnaissons sa source divine, et si

(1) Au sujet de la monarchie et de la république, voici une autre face de la question qui se recommande particulièrement à l'attention du philosophe religieux.

Comme tout être intelligent, une nation, une société d'hommes, ne peut trouver la paix et le bonheur que *dans l'accomplissement de sa fin* qui est de connaître, de servir et de glorifier son créateur, et même de le connaître, de le servir et de le glorifier par les moyens les plus efficaces et les mieux appropriés à une si grande fin, c'est-à-dire par le système de gouvernement qui en rend l'accomplissement plus facile. Or, il est manifeste que le régime monarchique est, à ce point de vue capital, supérieur à tous les autres, mais surtout aux formes démocratiques qui, étant l'inverse de la monarchie, sont les plus contraires à cet esprit catholique dont les dépositaires du pouvoir doivent incessamment s'inspirer.

nous traitons Dieu comme un étranger ou comme un intrus, qui se mêle de ce qui ne le regarde pas, alors l'usage du don dégénère inévitablement en abus, et en abus d'autant plus funeste que le don est plus considérable et plus excellent. L'imprimerie, par exemple, est une preuve effrayante de cette vérité capitale. Quoi de plus admirable et de plus précieux que cette grande découverte! Quel moyen plus efficace et plus rapide pour répandre la vraie lumière et pour assurer, pour accélérer les progrès de la foi chrétienne et l'ubicuité de son triomphe.

Mais, en même temps, quelle facilité effrayante pour propager toutes les erreurs et les doctrines les plus subversives et les plus impies. En présence de ce déluge de maux et de désordres déversé par les abus de la presse sur la société tout entière, n'en sommes-nous par réduits à nous demander si l'imprimerie n'a pas été, en somme, dans ses résultats, beaucoup plus funeste qu'avantageuse à l'humanité? Et, entre nos mains plus qu'imprudentes, n'est-elle pas devenue la véritable boîte de Pandore? tant il est vrai que tout ce qui n'est pas sauvegardé, sanctifié par la religion, ne tarde pas à se corrompre, par suite de la dépravation naturelle de nos penchants.

Ces réflexions faites, passons à une revue succincte de nos principales découvertes; et signalons d'abord, comme une sorte de prédisposition à la recherche de l'inconnu, un défaut général ou, si l'on veut, une habitude instinctive des hommes du XIXe siècle; c'est une étrange précipitation en toute chose, une activité dévorante qui veut tout faire à la fois, et dans le moins de temps possible, toujours pressée, afin d'avoir mieux, de sortir du présent pour s'élancer dans l'avenir. Ces aspirations incessantes vers le nouveau, ce besoin factice d'émotion, d'agitation et de mouvement perpétuels, en un mot, ces inquiétudes et ces empressements désordonnés qui sont l'opposé du calme de la sagesse, poussent les esprits aux investigations de toute nature; et c'est, pour répondre à cette tendance générale que la *vapeur* est venue, tout à coup, nous révéler sa puissance extraordinaire de locomotion et nous prodiguer toutes ses merveilles. Les chemins de fer qui sillonnent aujourd'hui, non-seulement l'Europe, mais presque toute la terre habitable, cette facilité si imprévue de se transporter en tous lieux avec la rapidité de l'oiseau, ont fait de l'homme un cosmopolite, qui n'est plus l'habitant de tel ou tel pays, mais le citoyen de l'univers. Or, cette facilité nouvelle de se mettre en rapport avec tous les hommes d'un pays et même avec ceux de tous les autres, avec leurs idées, leurs goûts et leurs croyances diverses, font que les liens sociaux se relâchent et s'affaiblissent à mesure qu'ils s'étendent et se multiplient. L'attrait si naturel et si moral du foyer domestique, de la famille, de la patrie, s'altère ainsi plus ou moins rapidement; depuis que nous voyons tant de choses, nous ne nous attachons à aucune; et, à force d'aimer, pour ainsi dire, tout le monde, on finira par ne plus aimer personne. La charité chrétienne pourrait seule opposer une digue à ce torrent qui nous entraîne, mais nous préférons la philanthropie. C'est dans l'espace de quelques années que s'est opérée, dans le monde, cette grande révolution dont les conséquences présentes et futures sont d'une gravité incalculable.

Malgré ce pas de géant dans la carrière de l'inconnu, la passion du progrès s'axaltant toujours davantage et, dans l'ivresse de ses succès, se livrant à des espérances et à des perspectives sans limites, pressentit ou devina un moyen de communication beaucoup plus extraordinaire. La vapeur transportait les corps avec une vitesse presque fabuleuse; le comble du prodige était de procurer, à la pensée, un mode de transmission à distance, aussi prompt, aussi instantané qu'elle-même ; et la télégraphie électrique vint résoudre, avec un bonheur inespéré, un problème qui semblait insoluble. Par elle, d'un bout du monde à l'autre, de Paris à Pékin, et même par le télégraphe sous-marin, de la France ou de l'Angleterre aux Etats-Unis, il est désormais possible, aux hommes, d'échanger leurs pensées, de se parler, de s'entendre et de se répondre.

Après de pareilles découvertes qui doivent étonner jusqu'à leurs inventeurs, l'impossibilité est un mot qui ne paraît plus *français* à ces philosophes d'un jour, à ces orgueilleux mortels qui se croient les maîtres de la nature, les dieux de cette terre dont ils sont sortis et dont une fosse de quelques pieds sera demain l'unique partage. Il est certain qu'il n'y a plus de distance pour l'homme, plus de frontière pour ce voyageur du temps, plus d'obstacles et plus de résistances ; et, ces signes nouveaux, accompagnés de tant d'autres, nous avertissent que le monde humain gravite de toutes parts vers une grande et mystérieuse unité. Tout paraît tendre à la formation très-prochaine d'un empire colossal qui s'étendra sur toutes les parties du globe. Cet empire sera-t-il le règne universel de la vérité et de la justice, ou de l'iniquité et du mensonge, de Dieu ou du démon ? Peut-être l'un et l'autre, peut-être l'un après l'autre. C'est ce que l'avenir nous apprendra bientôt.

Mais, pour l'établissement de ces voies nouvelles, il fallait des capitaux immenses et des sommes fabuleuses. Que manquait-il encore aux hommes du XIXe siècle, pour se procurer toutes les commodités, toutes les jouissances dont ils sont insatiables, et dont, au moyen de la vapeur, le monde entier allait leur fournir les éléments divers en leur apportant ses tributs. Il leur fallait de l'or, il leur fallait beaucoup d'or. Oui, ce précieux métal, ce dispensateur si convoité des biens et des plaisirs de la vie, leur devenait plus nécessaire que jamais ; et voilà que pour étancher cette soif, pour assouvir cette faim toujours croissante de voluptés et de richesses, l'Amérique leur découvre et leur livre d'inépuisables trésors. Les mines aurifères de la Californie prodiguent, presque spontanément, à l'avidité de l'aventureux Européen, le métal qu'il aime par dessus tous les autres. La fécondité merveilleuse de ces mines réalise les merveilles des contes de fées et traduit en faits réels et palpables toutes les fictions mythologiques. A tous les points de vue, si l'âge contemporain est loin d'être *le siècle d'or*, il est du moins très-éminemment *le siècle de l'or*. Car, non-seulement la race humaine n'en fut jamais plus avide ; mais, depuis que la terre est habitée, jamais, sans doute, ce roi des métaux n'avait été si commun et même si vulgaire ; à tel point qu'on le trouve aujourd'hui partout, et jusque sous l'humble toit du laboureur. Or, il y a cent ans, l'habitant des campagnes n'en savait que le nom, et la couleur même lui en était inconnue. C'est encore là un signe du temps, et même un des plus singuliers de notre étrange époque.

Toutefois, l'esprit investigateur, la curiosité ardente et inquiète du génie moderne a été plus loin ; et il a dirigé ses élans dans une voie plus étonnante et plus imprévue de la part d'une génération qui se croit un modèle d'humanité et de philanthropie. Le dirons-nous, cette génération qui ne parle que de fraternité, se complaît et s'applique, avec une ardeur et une émulation incompréhensibles, à inventer de nouvelles armes de guerre, à fabriquer des engins plus terribles, des machines plus meurtrières et plus destructives que tous ceux des âges passés. Oui, de nos jours, les moyens les plus expéditifs, les plus foudroyants d'exterminer ses semblables et de multiplier, dans les combats, les hécatombes de victimes humaines ont été recherchés, imaginés, perfectionnés avec une activité et un succès stupéfiants, et c'est ainsi que le siècle auquel nous appartenons a résolu le triste problème d'arracher la vie, dans un temps donné, à un bien plus grand nombre d'hommes ; en sorte que le progrès du génie contemporain se révèle particulièrement par le progrès de la destruction, genre de privilége qui nous rapproche de l'enfance et de la barbarie : de l'enfance, qui aime à détruire, qui ne sait, comme celle-ci, que détruire et qui, moralement et physiquement inféconde, ne peut ni produire ni fonder rien de durable ; et cette impuissance est encore celle de l'esprit révolutionnaire, si habile à faire des ruines et si incapable de rien établir et, surtout, de rien conserver.

Hélas ! dans ce concours inouï d'inventions homicides, quels sinistres et menaçants présages ! ces milliers d'engins destructeurs, plus effrayants que l'épée de Damoclès, resteront désormais fatalement suspendus sur tous les peuples de l'Europe et même du monde, prêts à foudroyer, anéantir en quelques minutes des armées entières. Aussi cet effrayant phénomène du XIXe siècle vient-il de nous faire assister au plus affreux des spectacles. La guerre de 1870 est la première application et les sanglantes prémices de ces infernales découvertes. Indiquons les points les plus saillants et les plus noirs qui la distinguent de toutes les guerres connues.

1° Renommé par sa puissance et sa gloire militaires, le peuple vaincu est le plus ancien et le plus illustre de l'Europe.

2° Le peuple victorieux, qui en est au contraire le plus nouveau, envahit la France avec un million de soldats exercés, disciplinés et aguerris, et commandés par d'habiles généraux. C'est l'armée la plus formidable et la plus nombreuse qui ait jamais foulé le sol européen.

3° L'artillerie prussienne est encore incomparablement la plus puissante qui ait paru sur les champs de bataille. On a vu des centaines ou plutôt des milliers de bouches à feu, vomissant à des distances énormes l'incendie, la destruction et la mort : et c'est à cette supériorité écrasante, que les envahisseurs ont dû principalement leurs victoires.

4° Ce duel gigantesque se présente avec le double caractère d'une guerre nationale et religieuse à la fois. Car la Prusse, cette reine de la Réforme en Allemagne, s'avance à la tête du protestantisme contre une nation toujours restée catholique, et longtemps le fidèle et glorieux champion de l'Eglise romaine ; en sorte que l'hérésie allemande, sûre d'ailleurs des sympathies, et au besoin du concours du schisme moscovite, place la papauté et le catholicisme dans un immense péril. Mais la Prusse voulait avant tout laver dans le sang français de vieilles et humiliantes injures ; elle brûlait de se venger enfin avec un éclat qui retentît partout, de ses revers de 1806.

5° La grande préoccupation du roi Guillaume et de ses ministres, leur but capital, qu'ils essayaient à peine de dissimuler, n'était pas seulement de vaincre la France mais de la ruiner, de la dépouiller, de la démembrer, de la déshonorer à la face du monde, et enfin de la réduire pour toujours à l'humiliation de l'impuissance.

6° Ce plan machiavélique conçu et préparé de longue main avec une suite et une habileté peu communes, vient de recevoir une exécution si rapide et si complète, que l'Europe entière en est restée dans l'étonnement et la stupeur.

7° Il est vrai que les deux peuples rivaux ont commencé cette lutte terrible dans des conditions respectives singulièrement inégales ; et ce n'est pas celui qui a accepté la guerre, mais celui qui l'a déclarée, qui a été surpris. On ignorait généralement à quel point l'organisation militaire et les préparatifs de la Prusse étaient formidables ; on connaissait bien moins encore l'incapacité personnelle du généralissime couronné, dont l'impéritie n'avait d'égales que l'imprévoyance et la présomption ; tandis que pour combattre, avec avantage, un ennemi si puissamment armé, le grand capitaine de 1806 aurait eu lui-même besoin de tout son génie. A la nullité militaire de Napoléon III, il faut ajouter la médiocrité de ses généraux, et sous le triple rapport de la discipline, de l'armement et du nombre, l'immense infériorité de ses moyens de défense. Les Allemands étaient trois et quatre contre un, et leurs avantages étaient d'autant plus incomparables que la plupart de leurs corps d'armée étaient dirigés par de véritables hommes de guerre et que, malgré la diversité nationale de leurs éléments, il régnait dans le commandement suprême et dans l'ensemble des opérations une intelligente et parfaite unité. Aussi dans cette campagne de six mois, autant les succès de la Prusse furent continus et décisifs, autant furent inouïs les revers de sa rivale.

8° Du côté des vainqueurs, en fait d'excès et même d'atrocités de toute nature, cette guerre, au moins parmi celles qui ont désolé le monde chrétien, ne ressemble encore à aucune autre. Mais il est juste d'ajouter que la responsabilité de tant d'horreurs retombe presque entière sur le roi de Prusse, ses deux ministres et ses principaux chefs ; car, malgré la rapacité du soldat et une barbarie qui rappelle les plus tristes époques, il est certain qu'il obéissait à un mot d'ordre, et qu'il exécutait une consigne.

9° Dans cette effroyable lutte, l'Europe du XIXe siècle a vu toutes les lois de l'humanité et du droit des gens violées, de sang-froid, par un calcul de haine et de vengeance, et foulées aux pieds sur tous les points envahis, avec le cynisme le plus révoltant. On chercherait en vain, dans les annales militaires du monde, un système de dévastation pratiqué sur une si grande échelle, un plan si méthodique et si complet de destruction et de pillage. Excepté ce qui a été consommé et dévoré sur place, tout a été détruit par le feu, par le fer ou par le canon ; tout, excepté ce qui pouvait être emporté, même le moindre meuble, même le plus modeste produit de l'industrie française que, généraux, officiers et soldats, se hâtaient d'envoyer au-delà de nos frontières. Que dire encore de ces contributions énormes, de ces réquisitions impossibles et de toute nature, dont étaient frappées les localités grandes et petites, et de ces hordes germaniques qui répondaient trop souvent à l'impuissance notoire de les acquitter, par l'incendie ou même par le meurtre. L'espionnage et la trahison ont joué aussi, dans ce drame épouvantable, un des premiers rôles et des plus odieux ; mais surtout rien de comparable aux bombardements. Ainsi, dans tous les siéges de places fortes, par un affreux raffinement de barbarie, les obus incendiaires étaient dirigés, non contre les remparts, mais sur les hôpitaux, les ambulances, les églises, les monuments publics, sur les demeures des habitants inoffensifs ; et puis, que d'impiétés, de sacriléges et d'indignes profanations ! Qu'on se rappelle seulement les tombeaux de nos rois violés, et la mutilation de leurs statues ! mais, arrêtons-nous dans la triste revue de cette accumulation d'horreurs, car le récit véridique et complet de tant d'excès et d'atrocités exécrables ferait reculer d'épouvante et de dégoût le lecteur le plus intrépide. Il y a sans doute des réserves à faire, de louables exceptions à citer, mais elles sont rares, et l'ensemble est inouï et monstrueux ; en sorte qu'on peut l'affirmer, sans exagération, les Goths, les Vandales et les Huns, et après eux les Normands, puis leurs frères Luthériens au sac de Rome, en 1527, et dans ces derniers temps les hommes de 93, ont trouvé des imitateurs et des émules dans ces modernes Teutons qui, venus en France, disaient-ils, pour écraser la Révolution, se sont montrés dans leurs actes aussi révolutionnaires, aussi barbares et même souvent aussi impies que ceux auxquels ils prétendaient donner des leçons. Tant il est vrai que partout et toujours l'homme qui ne craint pas Dieu, c'est-à-dire le Dieu des chrétiens, et qui se conduit comme s'il n'existait pas, peut devenir, devient en effet une bête féroce et même de la pire espèce ; et c'est cette absence presque générale de foi religieuse et surtout catholique, qui nous explique l'état présent de l'Europe. Ajoutons enfin que les nouveaux barbares de nos jours, les envahisseurs de 1870, surpassent tous leurs devanciers par une science et des moyens de destruction que ceux-ci étaient loin de posséder. Il en résulte qu'en somme, dans cette terrible guerre, le déshonneur et la honte n'atteignent pas seulement les vaincus, mais encore les vainqueurs, et même que ceux-ci en ont la plus grande part, les jours affreux que nous traversons attachant particulièrement au nom de la Prusse un stigmate ineffaçable de réprobation et d'infamie.

Il est certain que rien dans l'histoire ne peut être comparé aux désastres qui viennent d'accabler la France. Le drame de Sedan, celui de Metz, le siége, le bombardement, la capitulation de Strasbourg et de Paris sont des faits et des catastrophes militaires sans précédents connus. Que d'humiliations, que de douleurs pour un peuple si fier et si redouté, réduit en quelques mois à un tel état d'épuisement, d'impuissance et d'agonie, que les crises de ses plus mauvais jours n'en peuvent donner qu'une idée très-incomplète. Que sont devenues ses armées?... Toutes sont captives, toutes sont dispersées en Allemagne, au nombre fabuleux de 700,000 prisonniers. O France, toi naguère si riche et si prospère, que sont devenus tous tes trésors? Ils sont maintenant aux mains de tes ennemis qui ne t'ont laissé avec un deuil immense qu'une immense misère.

Après de tels revers, cette lutte inégale ne pouvait avoir pour terme qu'une paix désastreuse; aussi la France, à la merci de ses insolents vainqueurs, est-elle tombée du fléau de la guerre de 1870, dans le fléau de la paix de 1871, qui, par une indemnité de *cinq milliards*, lui ravit avec les dernières ressources du présent toutes les espérances de l'avenir.

Qu'a donc fait notre malheureuse patrie, pour être condamnée à finir et à s'éteindre, peut-être, dans cette mer de calamités et de douleurs? Il faut, et c'est la seule explication possible, qu'elle se soit rendue démesurément coupable ; et, quand les maux sont si grands, si imprévus, quand ils tombent sur un peuple avec la rapidité de la foudre, ils viennent directement de Dieu. Oui, ce sont là de ces coups de la terre qui ne peuvent partir que du ciel, et la Providence se révèle ici avec une évidence terrible. Elle a voulu clairement deux choses : satisfaire, d'une part, aux rigueurs nécessaires de sa justice ; et, de l'autre, afin d'éclairer les plus endurcis, placer cette France, si favorisée et si ingrate, dans une telle complication de misères et de périls que son état fût humainement désespéré, de sorte que chacun reconnût, et comme, en effet, nous l'entendons répéter partout, qu'un prodige de miséricorde et de puissance, qu'un miracle de premier ordre, est indispensable pour la sauver. Quant à la nature et à la grandeur du châtiment, le caractère de l'action divine est si marqué, qu'indépendamment de cette désolation immense d'une guerre sans exemple, tous les genres de malheurs et de fléaux se sont accumulés pour nous accabler à la fois. Le torrent des vengeances d'un Dieu irrité a rompu enfin toutes ses digues, et l'on dirait un retour inattendu, une répétition *des dix plaies d'Égypte*. Malheur à l'endurcissement de ces impies qui, dans la coïncidence extraordinaire, dans ce concours simultané de tant de maux, ne veulent pas voir autre chose que des rencontres bizarres d'un hasard malheureux, ou l'inexorable fatalité du destin.

Mais la Providence n'a fait encore que la moitié de son œuvre, la part de sa justice qui, sans doute, hélas ! n'est pas complète, puisque tout annonce, à l'heure présente, qu'elle n'a pas frappé ses derniers coups, puisque d'ailleurs, au milieu de nos angoisses, nous souffrons jusqu'ici comme des *réprouvés* et que nos larmes sont plutôt celles du désespoir que du repentir. Efforçons-nous cependant de ne pas nous laisser abattre, ranimons notre confiance par le souvenir des bienfaits passés, et croyons qu'après les heures terribles de la vengeance, les jours de pardon et de salut se lèveront sur nous.

Tel est donc, en définitive, le bilan de notre état social, et le triste inventaire de nos iniquités et de nos châtiments. Dans cet exposé, que sa brièveté rend nécessairement incomplet, qu'avons-nous reconnu et constaté chez les hommes du XIXe siècle ?... Un orgueil excessif joint au suprême degré de l'abrutissement...; un aveuglement, non moins inouï qui, dans la nuit la plus épaisse de l'erreur, croit voir, dans son éclat, le jour de la vérité...; un amour effréné de l'indépendance et, par un contraste étrange, le comble de la servilité... Partout le mensonge de parole et d'action passé en habitude, et le règne effronté de l'imposture en tous genres..., une haîne ou un mépris général du passé, autre phénomène unique dans l'histoire de tant de misères..., une progression croissante des délits et des crimes de toute nature et même des forfaits monstrueux..., les suicides, si rares avant 89, et les cas de folie devenus de plus en plus communs..., une conspiration aussi vaste que flagrante contre la jeunesse et même contre l'enfance, auxquelles on s'ingénie à faire sucer, pour ainsi dire avec le lait, le poison de l'incrédulité..., Dieu officiellement banni du monde politique ; des associations, impunément organisées pour prêcher et pratiquer l'athéisme ; aussi, dans un aucun temps, même sous le règne public et général du démon, on ne vit un si grand nombre d'athées et de matérialistes... L'empire du génie du mal, établi partout et manifesté non-seulement par ces sociétés ténébreuses qu'on peut considérer comme son chef-d'œuvre, mais encore par ces phénomènes étranges qui ont rempli l'Europe, aussi bien que l'Amérique, d'étonnement et de stupéfaction... Ajoutons les effets désastreux de la liberté de la presse qui suffit, à elle seule, pour bouleverser les Etats et rendre les hommes ingoûvernables..., puis encore le progrès rapide et continu de l'esprit démocratique, qui menace l'Europe, plus que jamais, d'une révolution radicale... Qu'on joigne enfin, à tout cela, de prodigieuses découvertes, les merveilles de la télégraphie et de la vapeur, qui ouvrent des voies si promptes à la propagation des doctrines impies et des erreurs les plus subversives... Mais, parmi toutes ces découvertes, dont la malice humaine fait un abus si déplorable, doivent figurer, au premier rang, une multitude d'armes, de machines et d'engins destructeurs beaucoup plus terribles que tous ceux des âges précédents; et la première application de ces nouveaux moyens de donner et de recevoir la mort, a été faite dans cette guerre effroyable qui vient de consterner l'Europe et de réduire la France à un état d'abaissement, de détresse et de ruine sans exemple dans les annales d'aucun peuple.

Voilà donc, en deux mots, ce que nous sommes et où nous en sommes.

Mais détournons un moment les yeux d'un tableau si sombre et si lugubre, et reposons nos regards attristés sur un autre spectacle qui présente avec celui-ci le contraste le plus tranché.

S'il y a une France pervertie et gangrénée, à côté d'elle il en existe une autre dont la vue console et ranime; une France aimée de Dieu et qui, par la vivacité de sa foi, par le nombre et l'excellence de ses œuvres, fait encore aujourd'hui le principal espoir de l'Eglise, et qu'on peut justement appeler la plus ferme colonne de l'Eglise catholique.

Les Français sont extrêmes en tout et incapables de s'arrêter, à moitié chemin, dans la voie bonne ou mauvaise où ils se sont engagés. C'est particulièrement chez ce peuple que le bien et le mal tendent toujours, soit au mieux, soit au pire ; et, comme on y trouve les crimes les plus énormes, on y rencontre aussi les plus sublimes vertus ; sans doute, le nombre des bons est loin d'égaler celui des méchants, mais ce troupeau d'élite se distingue et se multiplie, en quelque sorte, par l'activité de son zèle, par le mérite de ses actes et l'héroïsme de ses vertus.

Une des merveilles qui nous semblent les plus admirables, c'est d'abord le clergé français, qui marche incontestablement à la tête de tous les autres, par la foi, le zèle, la conduite, l'abnégation, le dévoûment et la dignité de ses membres. Ce corps si vénérable est, dans son ensemble, au milieu de la défaillance universelle et, après nos 80 ans de révolution et de bouleversements, un phénomène social, ou plutôt un miracle de la Providence qu'on ne remarque peut-être point assez.

Il est certain, ensuite, que la plupart des plus belles et des plus saintes œuvres de notre temps sont des œuvres françaises, qu'il suffit de citer, notamment la *Société de saint Vincent de Paul* et la *Propagation de la Foi*, d'où partent, chaque année, ces légions de missionnaires et d'apôtres qui bravent tous les périls pour aller annoncer la bonne nouvelle jusque dans les contrés les plus sauvages ! Presque tous sont des enfants de la France.

Nous assistons à un autre spectacle non moins admirable, à la résurrection des ordres religieux, qui renaissent, comme le Phénix, de leurs cendres. Et, le plus considérable de tous, et aussi le plus odieux aux impies, l'Institut des *Jésuites*, s'est maintenu, en France, contre toute probabilité et a même prospéré, par une assistance visible, sous le gouvernement impie et corrupteur de Napoléon.

Réduits à ne pouvoir indiquer que les points les plus lumineux de cette constellation de signes et de faits consolateurs, nous ne pouvons pas oublier les communautés de femmes, aussi nombreuses dans ces tristes jours et même aussi florissantes qu'à aucune autre époque ; là, que de vertus et de mérites cachés ! là, quel saint et touchant concert de soupirs, de vœux et de prières, s'élève à toute heure vers le ciel pour l'invoquer, pour le fléchir, et qui, comme autant de paratonnerres spirituels, arrêtent ou affaiblissent les éclats de ses foudres. Parmi ces chœurs de vierges, nommons seulement les héroïnes du sacrifice, ces victimes si pures de l'amour, et pour dire davantage, en un mot, les *sœurs de la Charité*, admirables dans les hôpitaux, plus admirables encore sur les champs de bataille, bénies, acclamées par tous, même par les ennemis du divin Maître qui les élève ainsi au-dessus de l'humanité. La seule louange digne de ces anges terrestes, c'est de dire que tout éloge sorti d'une bouche mortelle est impuissant à les honorer comme à les dépeindre, et qu'elles ne peuvent être glorifiées qu'au ciel dont elles sont descendues.

Mais ces incomparables sœurs n'ont-elles pas des frères, de nobles et glorieux rivaux? Voyez, à côté d'elles, ce bataillon sacré, ces croisés d'un autre âge, qui étonnent et confondent le nôtre, ces héroïques défenseurs de la foi, de la papauté et de la patrie, dont le nom est aujourd'hui dans toutes les bouches et dont l'intrépidité arrache des cris d'admiration universelle. Que de victimes précieuses sont tombées dans leurs rangs, que d'exemples d'une vertu et d'une sainteté consommée ! Enfin, parmi ces prodiges vivants du courage chrétien, quel étrange mépris, ou plutôt quel désir, quel amour de la mort! Oui, les *zouaves pontificaux*, ces braves entre les braves, ces nouveaux martyrs de Jésus-Christ, sont une des merveilles du présent, une résurrection des gloires du passé et une des grandes espérances de l'avenir.

Ce n'est pas tout, l'Eglise et la France du XIXe siècle n'ont pas seulement des frères et des sœurs, elles ont encore une mère, et cette mère est *Marie*. Oui, l'auguste reine de la terre et des cieux est toujours, et même plus que jamais, la protectrice spéciale, la tendre mère de ce peuple si infidèle et si ingrat, et cependant toujours aimé.

Elle n'a pas cessé de manifester, parmi nous, son inépuisable miséricorde par des miracles presque sans nombre, accomplis sous nos yeux, avérés, éclatants, incontestables ; bien plus, elle est plusieurs fois descendue en personne du séjour éternel, pour avertir des enfants révoltés des châtiments terribles dont Jésus, son Fils premier-né, était prêt à les frapper, et, ses conseils maternels ayant été méprisés ou méconnus, les foudres de la justice ont suivi enfin ces avertissements, ces éclairs précurseurs. Cependant, puisque Marie est toujours sa mère, et qu'elle ne peut se lasser de pardonner, la France ne périra pas, pour peu, du moins, qu'elle veuille encore être secourue. Car Marie ne peut pas, avec tout ce qu'elle a de puissance et de bonté, nous sauver malgré nous.

Parmi les points de vue de cet horizon catholique, parmi les signes manifestes d'une rénovation prochaine, signalons un autre fait qui frappe aujourd'hui tous les regards, un fait des plus remarquables par son ubicuité et surtout parce qu'il se produit à l'époque d'une indifférence ou d'une hostilité religieuse presque générale. On devine sans doute, que nous voulons parler des monuments de l'architecture chrétienne, de cette émulation, de cette ardeur mystérieuse avec laquelle on se livre, sur tous les points de la France et même de l'Europe, non-seulement dans les villes, mais dans les simples bourgades et dans les moindres localités, à la construction ou à la réconstruction des églises. Partout les populations travaillent à l'envi à ériger et à décorer les édifices religieux, des cathédrales, des basiliques, des temples de grandeur et de style divers, ainsi que des chapelles sans nombre. Bien plus, on voit des protestants contribuer eux-mêmes à l'érection de plusieurs églises catholiques. Comment expliquer naturellement un tel phénomène? Il est vrai que le Xe siècle a présenté le même spectacle, mais dans des proportions et sur une échelle beaucoup moindres. D'ailleurs, c'était l'époque, non comme aujourd'hui de la défaillance de la foi, mais au contraire de ses rapides et miraculeux progrès. C'est donc là un symptôme significatif et le gage assuré d'un magnifique avenir.

Son importance est encore rendue plus sensible par les conquêtes simultanées du catholicisme, et par les conversions si nombreuses qui se produisent au sein et dans les foyers de l'hérésie, principalement en Angleterre et aux États-Unis. Dieu a donc visiblement de grands desseins de miséricorde sur le monde et sur la France en particulier, sur la France qui marche à la tête de ce mouvement religieux, lequel ne se borne pas dans les arts aux merveilles de l'architecture, mais qui s'étend à la peinture, à la sculpture, à la gravure même, et la piété leur doit un très-grand nombre d'œuvres éminemment pénétrés de l'esprit chrétien.

Ce n'est pas tout, ces nobles élans se sont dirigés avec un égal succès vers les études historiques, vers cette belle science de l'homme, abandonnée depuis plus de trois siècles, aux travestissements, aux mensonges et aux calomnies de l'impiété. On s'est appliqué à remonter aux sources, à consulter les documents originaux, et sur les personnes comme sur les choses la vérité s'est fait jour ; elle a trouvé de dignes interprètes, d'habiles et généreux défenseurs. Le moyen-âge surtout, ce glorieux passé, ce règne de la foi, ces siècles si profondément catholiques, objets de tant de haines, de mépris et d'injures, ont été dans leurs monuments, leurs institutions, leurs saints, leurs grandeurs et leurs mérites divers, admirablement réhabilités, etc., etc., etc.

Il nous reste maintenant à recueillir notre pensée, po

reconnaître, avec quelque certitude, ce qu'il faut conclure de ces deux états simultanés, de ces deux tableaux si différents. Quelles conséquences devons-nous tirer d'abord de cette longue chaîne d'égarements, et quelle lumière pouvons-nous y puiser?

En premier lieu, il est de toute évidence que depuis longtemps, et surtout depuis une date à jamais fatale, la société moderne est complétement dévoyée ; elle fait fausse route, et, comme le voyageur qui s'est trompé de chemin, plus elle marche, plus elle se fourvoye ; elle s'égare donc, elle recule en réalité d'autant plus qu'elle avance davantage ; en sorte que tous ses pas sont des faux pas, ou du moins des pas perdus, quelque soit d'ailleurs la régularité apparente de son allure. Car s'étant placée sur le terrain de l'erreur, elle n'a plus *que le choix des fautes, malgré l'habileté de ceux qui la conduisent* ; et, c'est ici le cas d'appliquer ces paroles de la *vérité incarnée* : « Laissez-les ; ce » sont des aveugles qui conduisent des aveugles ; que si » un aveugle conduit un autre aveugle, ils tombent tous » les deux dans la fosse. »

En effet, si cette société marchait dans le chemin de la vérité et de la raison, comment, suivant la remarque d'un publiciste déjà cité, *le siècle des lumières serait-il devenu ou aurait-il produit le siècle des malheurs*. Ces lumières, si vantées, nous ont conduit à des calamités effroyables ; donc elles n'étaient au fond qu'un abîme de ténèbres. Donc, le nouvel édifice que les démolisseurs du passé se proposaient de construire, après avoir fait table rase, ne pouvant être fondé que sur des ruines, devait lui-même s'écrouler sur elles. Donc, cet arbre trop admiré d'une civilisation improvisée, dont on se promettait des fruits merveilleux et qui en a produit de si amers, doit être maudit comme le mauvais arbre de l'Évangile, même quand tout *n'y serait pas mauvais*, car il n'existe pas de mal sans mélange de quelque bien, de malice pure, *si ce n'est celle du démon*.

D'ailleurs, cet arbre, n'est-ce pas celui qui a déjà perdu nos premiers parents? Cet arbre de la science et du progrès, dont l'homme déchu a toujours aimé et savouré les fruits, fruits de sensualité et d'orgueil, double révolte de l'esprit et de la chair, science qui enfle et chatouille le cœur en l'endurcissant. La génération actuelle s'enivre des jouissances du sensualisme le plus abject et des fumées d'un orgueil qui hait toute espèce de joug. Par l'esprit, elle aspire à s'égaler à Dieu; par le corps, elle se ravale jusqu'à la brute. Ce sont là nos félicités, nos lumières, nos progrès, et c'est ainsi que les causes premières de la chute originelle, menacent de nouveau l'humanité d'une catastrophe suprême et irréparable. L'orgueil a perdu le premier des anges et le premier des hommes; l'orgueil nous perdra comme eux. De toute nécessité, il faut donc que la société change, il faut que le monde s'arrête sur le bord de ce gouffre béant, ou que le monde y périsse.

Ce qui nous manque aujourd'hui par-dessus tout, c'est l'esprit de subordination et d'obéissance, c'est-à-dire l'*humilité*. Qu'on ne se fasse pas d'illusion, la morale chrétienne est immuable; faite pour tous les temps, faite pour tous les hommes, elle oblige les grands comme les petits, les nations comme les individus. Ecoutons-la donc quand elle nous dit: « Soyez soumis par amour de Dieu, soit au » souverain, soit à ceux qui sont envoyés par lui pour » punir les méchants et récompenser les bons... Craignez » Dieu et respectez le roi... Enfants, honorez votre père et » votre mère, afin de vivre longuement. Serviteurs, obéis- » sez à vos maîtres avec toute sorte de respect, et même à » ceux qui sont difficiles, etc., etc., etc. » Ces paroles qui comprennent tout, s'adressent également à tous: ainsi, tout homme qui les repousse, toute société qui, dans la pratique, les méprise et les foule aux pieds, renonce au christianisme. Qu'on nous pardonne de citer des textes si connus, mais qui paraissent aujourd'hui si complétement oubliés, tant on parle et on agit dans un esprit différent. Il faut d'autant plus méditer ces préceptes du divin prédicateur, qu'on ne peut faire sans *religion de bonne politique;* l'un et l'autre étant plus que jamais inséparables. Une nation si puissante qu'elle soit, doit donc commencer par s'humilier devant Dieu, sentir la profondeur de son néant, reconnaître sa dépendance et sa faiblesse propre. Oui! c'est aux peuples, encore plus qu'aux individus, que le Sauveur du monde est venu, par son exemple, enseigner l'humilité. Jésus a voulu obéir pendant 30 ans à un pauvre charpentier. Bien plus, il s'est anéanti jusqu'à la mort de la croix..., et c'est avec l'orgueil de Satan, et, comme lui, s'égalant à Dieu, que les empires et les gouvernements de nos jours répondent à ses divines leçons. Nous sommes devenus si orgueilleux, et toute dépendance nous est tellement antipathique, que le nom seul de *sujet* nous irrite et qu'on n'ose presque plus le prononcer. Cela prouve à quel point la France avait besoin d'être humiliée, et nous explique pourquoi Dieu l'a précipitée au dernier degré de l'humiliation.

Cependant, par lui-même *l'homme n'est rien, l'homme ne peut rien, l'homme ne vaut rien.*

Et d'abord, qu'est-il sans Dieu, qui d'une parole l'a évoqué du néant, et d'une parole peut l'y replonger; qui d'une parole peut réduire les peuples et les empires les plus puissants à l'extrémité de l'infortune et de la faiblesse, et la France en est aujourd'hui un exemple à jamais mémorable. Il suffirait à Dieu, pour détruire en un moment toute la race humaine, de lâcher contre elle ses moindres créatures; et, comme le remarque un pieux écrivain, (le P. Faber), les seuls insectes pourraient, en moins de huit jours, dévorer jusqu'au dernier tous les êtres humains. Secondement, que peut l'homme sans Dieu? Les nations, les conquérants les plus formidables ne font que ce qu'il leur permet; et il leur dit comme aux flots d'une mer en courroux : *Tu n'iras pas plus loin.* Oui, Dieu les mène comme il lui plaît, faisant d'eux à son gré, *ou des fléaux, ou des victimes.* La mort, d'ailleurs, toujours à ses ordres, la mort, qui est ici-bas son grand exécuteur et son premier ministre, arrête tout court le guerrier ou le despote le plus redouté, qu'elle saisit, qu'elle frappe instantanément, au milieu même de ses triomphes et de toutes les fumées de son orgueil.

Mais surtout l'homme ne vaut rien. Évidemment porté au mal, il naît l'ennemi de son créateur, de ses semblables et de lui-même. S'il n'est pas arrêté par une force supérieure, ses passions l'égarent, l'entraînent, deviennent ses bourreaux. Voyez l'enfant abandonné à lui-même, voyez l'homme fait qui n'en diffère que par une malice plus développée et armée de la force. Mais, ce qu'on peut dire de tout homme en particulier, devient plus sensible dans une société d'hommes plus ou moins nombreuse, et à plus forte raison chez un grand peuple. Une multitude considérable et rassemblée, si elle n'est pas modérée ou retenue par l'autorité de quelque chef respecté, devient inévitablement tumultueuse et désordonnée. Les passions individuelles surexcitées par le contact, multipliées les unes par les autres, en viennent bientôt aux dernières violences. Il suffit, pour s'en convaincre, d'assister aux orageux débats des réunions politiques et des assemblées délibérantes ; mais surtout, quel navrant spectacle donnent aujourd'hui la France et l'Europe, depuis que les pouvoirs publics se sont séparés de Dieu. Quelle anarchie universelle ! quelle impuissance pour le bien ! quel mépris scandaleux de la vérité et de la justice ! quelle extinction de tout sens moral ! (1)

(1) Le côté le plus saillant de notre corruption originelle, c'est l'*animalisation*. Aussitôt après la chute de nos premiers parents, l'élément matériel prédomina, l'âme devint la captive et l'esclave du corps Ainsi, non-seulement la volonté, puissance aveugle, se mit à la place de l'intelligence chargée de l'éclairer et de la conduire, et prépara, par ce renversement désastreux, tous les maux que devait produire, dans le monde humain, une usurpation si fatale et si grosse de révolutions ; mais, de plus, le péché primitif a infecté toute la postérité d'Adam d'un appétit déréglé des plaisirs sensuels et d'un germe de barbarie qui tend à développer en elle la soif du sang,et à faire de l'homme une véritable bête féroce. Ces deux penchants innés apparaissent simultanément chez tous les grands scélérats, chez les monstres de l'espèce humaine ; et, par une attraction ou une affinité mystérieuse, on voit presque toujours l'excès des voluptés charnelles s'unir à celui des passions sanguinaires.

C'est ce dernier instinct qui a fait commettre le premier meurtre, et à la suite du fratricide de Caïn, tous les assassinats, les atrocités, les massacres qui ont désolé et ensanglanté la terre. Ce mauvais fond, qui vit silencieux et secret dans la généralité des êtres humains, se revèle et se manifeste tout entier : 1° Parmi les tribus sauvages que l'on voit non-seulement s'exterminer entre-elles, mais se manger et se dévorer comme les scorpions ; 2° chez tous les peuples plus ou moins civilisés, mais qui ne reconnaissent pas d'autre droit que la brutalité de la force ; 3° même au sein du christianisme, dans les guerres de peuple à peuple, mais surtout dans les guerres civiles qui ont un carctère distinctif d'atrocité et d'acharnement ; 4° au même point de vue, les exécutions sanglantes et publiques, par la main du bourreau, présentent le grave danger d'éveiller dans certaines natures, et même de leur révéler tout à coup cette soif de sang humain qu'elles avaient peut-être ignorée jusque-là. Et l'affluence extraordinaire, la curiosité plus qu'étrange,

Ainsi donc, l'homme a un besoin absolu d'être conduit, et il est incapable de se gouverner seul. Pour le sauver de ses déréglements, pour l'empêcher de se suicider dans son âme comme dans son corps, il lui faut un secours étranger, une main sûre, puissante et paternelle, qui le protége contre ses propres excès.

Nous l'avons dit, et nous le répétons : sans Dieu, plus d'*autorité*, plus d'*obéissance*, et par conséquent, plus d'ordre, plus de société possible. Ajoutons que, sans ce double fondement, toute liberté réelle est détruite par le triomphe inévitable de l'anarchie ou du despotisme.

Ici, on ne peut trop remarquer un fait capital, attesté par l'histoire entière. Cette liberté dont nous sommes si jaloux et que nous comprenons si mal, est un bienfait du christianisme. Il n'avait existé dans le monde, avant la venue du Dieu crucifié, que des tyrans et des esclaves. La

qu'attirent toujours ces affreux spectacles, ne témoignent que trop de la perversité de nos penchants.

C'est encore un fait incontestable, un phénomène constant et universel, que dans la chaleur des combats, au milieu des blessés, des morts et des mourants, la passion du meurtre, le désir de multiplier les victimes humaines, s'exaltent jusqu'au délire, et que, même dans les plus nobles cœurs, dans les âmes les plus douces et les plus aimantes, la vue et l'effusion du sang produisent une véritable ivresse. Dans l'intimité, dans les entrailles de notre nature déchue, est donc caché quelque monstre, quelque animal féroce, hyène, tigre ou lion, qui s'élance de sa prison ténébreuse aussitôt qu'il se sent déchaîné, à moins qu'il ne soit endormi par la prudence ou muselé par l'énergie de ses gardiens, c'est-à-dire des pouvoirs sociaux ; mais surtout contenu, apprivoisé par la religion, qui seule combat efficacement nos passions dépravées, les affaiblit, les paralyse, et les détruit même quelquefois au point de faire, des hommes les plus criminels, des prodiges de charité et des saints d'une vertu consommée.

religion du Christ a donc, au pied de la lettre et dans le sens le plus large comme le plus exact, *affranchi l'humanité*. Aussi, dès qu'une nation l'abandonne ou le renie, la servitude et la brutalité de la force prennent infailliblement la place du divin Libérateur ; et désormais païenne de chrétienne et libre qu'elle était, cette nation redevient esclave. Voilà ce qui s'est vu, ce que nous voyons plus que jamais, ce qu'on verra toujours.

On peut dire à peu près en toutes choses, que l'erreur est maintenant parvenue à ses derniers développements. Il faut donc aussi que la vérité reçoive un épanouissement lumineux, une entière et parfaite manifestation. La plénitude de la vérité comme de l'erreur, ne se rencontre ainsi que dans les extrêmes, et il n'y a pas de milieu possible. L'esprit et la logique ne peuvent désormais s'arrêter en chemin, et, poussés jusqu'au bout, pour ne pas descendre au degré le plus profond de l'erreur, ils doivent remonter résolûment au point culminant de la vérité.

Pour en venir aux applications de ce principe, nous disons donc : ou un Dieu unique et personnel, ou pas de Dieu ; ou Jésus-Christ, ou point de religion ; ou la papauté, ou point d'Église ; ou le catholicisme pur, ou l'athéisme dans toute sa crudité. Enfin, dans la société humaine, un chef de famille ou pas de famille, la monarchie ou l'anarchie, la royauté chrétienne ou le despotisme et l'esclavage païen.

Il en résulte que la Révolution de 1789 ayant bouleversé la société, et l'ayant mise littéralement *sens dessus dessous*, il est impossible de rentrer complétement dans l'ordre tant politique que religieux, sans prendre l'inverse ou le contre-pied de ce qui existe ; par conséquent, au lieu de descendre de l'unité à la pluralité, nous devons remonter de la pluralité à l'unité : ainsi, en religion, de la pluralité des sectes à l'unité du catholicisme, et, en politique, de la pluralité des pouvoirs à l'unité de la monarchie ; cette pluralité et cette division étant le signe caractéristique de l erreur et de la faiblesse, de la dissolution et de la mort.

Passant aux conséquences et aux applications pratiques, tâchons maintenant de formuler et de préciser les conditions essentielles d'une restauration sociale qui ne peut être sérieuse et durable, qu'autant qu'elle sera chrétienne.

Il est nécessaire que la théorie établisse d'abord des principes d'une vérité absolue, afin qu'ils nous éclairent et qu'ils nous guident dans la marche et la nature des faits qui en découlent, et que, sans jamais les perdre de vue, nous tendions avec persévérance vers leur application la plus complète.

Avant tout, nous partons de Dieu, puisque sans cette vérité première, il est impossible, logiquement, d'en affirmer aucune. Si, dans toute société d'intelligences, les deux bases hiérarchiques de l'ordre sont l'autorité et l'obéissance, il faut reconnaître que le pouvoir venant de Dieu et lui appartenant en propre, il a seul le droit de commander, comme c'est à lui seul que la créature a le devoir d'obéir. D'où il suit qu'un homme, quel qu'il soit, ne peut commander en son propre nom, et qu'un pouvoir humain n'est légitime et vrai, qu'autant qu'il est un réfléchissement, une délégation du pouvoir divin. Voilà pourquoi les matérialistes et les impies, qui ne croient pas en Dieu, peuvent considérer l'insurrection comme un droit; car séparées de l'idée de la divinité, l'autorité et l'obéissance ne sont plus comprises. Par lui-même, nul homme, souverain, père ou maître, n'a le droit d'imposer sa volonté à un autre homme ; et, s'il en exige l'obéissance, il n'est plus qu'un usurpateur et un tyran. Aussi un grand saint, d'une humilité admirable, saint Louis de Gonzague, déclarait-il sans hésiter que l'obéissance n'est qu'une *bassesse*, si elle n'est pas ennoblie et justifiée par un motif surhumain ; il en résulte qu'un peuple de véritables *athées* est impossible. Un tel peuple serait moins une société qu'une multitude confuse, un cahos vivant, un je ne sais quoi d'indescriptible et de monstrueux, et cependant l'Europe du XIXe siècle et la France en particulier tendent vers ce désordre sans nom, qui serait la mort de la société humaine, et son anéantissement définitif.

Voici une autre vérité qui se rattache à celle-ci et en est une conséquence au moins implicite. Toutes les créatures, et notamment les plus parfaites, ayant été formées à l'image de leur auteur, doivent réfléchir son adorable unité. C'est ainsi que notre monde planétaire n'est éclairé que par un soleil ; que tous les hommes sont sortis d'un seul et, sans doute, aussi tous les anges ; que l'humanité n'a qu'un rédempteur unique, l'Église un seul pape, la société domestique un seul chef, et à plus forte raison la société publique, dont la famille est l'élément constitutif, et qui n'est qu'une grande communauté de familles, exige-t-elle l'unité personnelle du pouvoir. La monarchie se présente donc comme le gouvernement le plus simple, le plus naturel, et comme un des plus grands anneaux de cette chaîne d'unités harmoniques. Il serait étrange que la réunion en un seul corps social de plusieurs millions de familles, offrît le phénomène monstrueux d'un corps unique surmonté de plusieurs têtes.

A l'image du pouvoir divin, le pouvoir politique qui en dérive doit donc être unique, et conséquemment indivisible, comme celui du chef de famille dont il est sorti. Il faut encore qu'il soit indépendant et paternel ; et ce triple caractère d'unité, d'indépendance et de paternité doit se retrouver dans la société publique, comme dans l'Église et dans la famille elles-mêmes.

Indivisible de sa nature, le pouvoir souverain peut être délégué, mais jamais partagé ou fractionné, sous peine d'abdication et même de suicide ; car, *moins il est un, moins il est pouvoir*. Nous ajoutons qu'il est indépendant, c'est-à-dire qu'il n'a sur la terre d'autre supérieur que Dieu seul, et qu'il ne doit, dans aucun cas, relever de ceux qui lui doivent l'obéissance et le respect ; indépendance qui lui est commune avec le pape et avec le père; car, dit excellemment M. de Bonald, *pouvoir* et *dépendance* s'excluent comme cercle et carré. Mais, par-dessus toutes choses, le chef de l'Etat doit constamment unir à la force la *sagesse* et surtout l'*amour*, c'est-à-dire être éminemment paternel; et c'est dans ce triple caractère du pouvoir que consiste toute sa perfection ; ces trois attributs nécessaires du monarque, du père et du pontife sont l'image et le reflet des attributs de la trinité infinie, et ces éléments sociaux sont tellement vrais, tellement naturels, que nous les retrouvons jusque dans le règne animal, jusque dans cette petite société des *abeilles*, si admirée des amis de la nature, où nous voyons qu'une *ruche*, si nombreuse qu'elle soit, n'est gouvernée que par une seule mouche, qui en est à la fois la *reine et la mère*.

C'est dans ces conditions seulement que l'obéissance et l'autorité sont entières et parfaites. C'est alors que le pouvoir est honoré et respecté; que l'obéissance n'est pas seulement passive mais active, et que la personnalité tout entière, c'est-à-dire l'esprit et le cœur, y participent comme le corps lui-même ; en sorte que le sujet, aussi bien que l'enfant, obéit avec bonheur, parce qu'il obéit avec amour et même avec une pleine liberté, l'obéissance étant d'autant plus *libre* qu'elle est plus volontaire et plus aimante. C'est à cet heureux état que doit tendre un prince vraiment catholique, même avec la conviction qu'il est impossible d'y parvenir complétement, au milieu des misères de la nature déchue; mais bien que la perfection ne puisse, ici bas, se rencontrer nulle part, il est certain que la monarchie chrétienne, telle que la religion l'avait constituée et qu'elle a existé pendant des siècles, était en somme le gouvernement le plus tempéré, le plus sage, le plus paternel et le mieux obéi qui fût jamais; et, la France en a goûté les avantages plus longtemps et plus parfaitement qu'aucune autre nation. Aussi dans ces temps de paix et de sécurité si regrettables, dont la révolution nous a séparés pour jamais, quelle sollicitude de tous les bons rois pour des sujets dont ils étaient bien plus les pères que les maîtres; et, de la part de ceux-ci, n'était-ce pas une enthousiasme et un amour qui tenaient du délice? Les Français du XIXe siècle ont profondément oublié que la royauté était pour leurs pères l'objet d'un véritable culte ; mais ô souvenir mille fois douloureux ! prodige d'ingratitude incompréhensible ! le meilleur des princes, celui qui les avait le plus aimés, ils l'ont mis à mort, et ils ne l'ont précipité d'un trône treize fois séculaire que pour le faire monter sur un échafaud. —... Qui nous expliquera cet effrayant mystère? ... Pourquoi Louis XVI a-t-il eu une fin si tragique? Uniquement par ce qu'il n'a pas assez cru à ce pouvoir souverain qu'il avait reçu de Dieu, auquel seul il en devait compte, et qu'en abandonnant des droits inviolables, en abdiquant son autorité sacrée, il s'est mis dans la dépendance de son peuple ; et, en se faisant l'esclave des Français, en consommant ainsi leur malheur et le sien, il a creusé dans le présent et l'avenir un effroyable gouffre qui n'est pas encore fermé.

« Voici un autre fait du premier ordre qui met en relief l'excellence et la supériorité de la monarchie. Il est incontestable que pendant 1000 ans, de 800 à 1800, le christianisme a plus ou moins régné sur l'Europe, comme le reconnaît M. Cousin lui-même ; et, par ses vicaires, ses saints, ses ministres et même par les princes de la terre qui n'étaient que ses lieutenants temporels, le Dieu du Calvaire a exercé sur les nations un pouvoir extraordinaire, un véritable empire humain, attesté par des témoignages, des institutions, des monuments sans nombre, et spécialement par la légende si connue des monnaies françaises : *Christus vincit, Christus regnat, Christus imperat.* Eh bien ! cet homme Dieu, qui doit être en tout (nous parlons ici aux vrais chrétiens) notre lumière et notre modèle, a précisément choisi, pour asseoir et exercer sa souveraineté, la période la plus monarchique de l'ère nouvelle. Pendant dix siècles consécutifs, mais surtout avant la Réforme, ce glorieux suzerain avait tous les rois pour vassaux, comme pour manifester que l'unité et l'indépendance du pouvoir royal répondent à la pensée éternelle plus complétement qu'aucun autre système de gouvernement ; et, en effet, le catholicisme et la monarchie ont des affinités si profondes et en même temps si visibles, qu'aux yeux mêmes de l'impiété le moyen le plus sûr de *décatholiser* la France, était de renverser la royauté et *vice versâ.* Aussi, à mesure que l'esprit démocratique a progressé, la foi catholique a baissé rapidement et perdu dans la même proportion (1).

(1) On peut se sauver partout, même dans une fausse religion, quand on est de bonne foi, et à plus forte raison sous un mauvais gouvernement ; mais qu'il y ait telle constitution politique qui pour le

On peut aujourd'hui se convaincre, plus que jamais, que tout régime politique, plus ou moins faux et contre nature, est funeste aux croyances chrétiennes et contraire à l'esprit de l'Évangile; car toutes les vérités se tiennent et s'enchaînent comme toutes les erreurs.

Après cela, est-il besoin d'ajouter que, depuis l'origine du monde, les peuples n'ont presque pas connu d'autre gouvernement; que l'unité personnelle du pouvoir se retrouve partout, et que la monarchie même la plus imparfaite, même la plus arbitraire et la plus despotique, c'est-à-dire *la moins chrétienne*, n'a pas cessé d'être préférée aux caprices et aux tyrannies des multitudes, aux agitations, aux discordes, aux luttes incessantes des états populaires, à ces démocraties, en un mot, qui elles-mêmes, dans les temps de crise, concentrent l'autorité dans une seule main, et n'attendent leur salut que d'un pouvoir discrétionnaire. C'est donc ici une loi naturelle, un principe fondamental, dont la violation a toujours été et sera toujours des plus funestes.

Aussi, ne craignons pas de le répéter dans un temps où les oreilles du cœur sont si sourdes et où les yeux de l'esprit sont si hermétiquement fermés : Point de liberté politique, ni même d'aucune sorte, sans *ordre ;* point d'ordre possible sans *autorité*, c'est-à-dire sans un pouvoir légitime, personnel, indépendant, et point d'autorité sans *religion :* l'autorité vraie, l'obéissance entière et parfaite, impliquant l'existence de Dieu, du Dieu de l'Évangile, et par conséquent ne pouvant se trouver dans toute leur per-

grand œuvre du salut éternel des *individus*, et du salut temporel des *sociétés*, donne des facilités et des moyens plus efficaces que telle autre, c'est là encore une vérité incontestable.

fection qu'au sein du catholicisme (1). Ces vérités sont bien vieilles, et cependant elles paraissent aujourd'hui nouvelles, étranges, inacceptables. Nos yeux malades redoutent cette lumière qui les blesse et les éblouit; bien plus, elle paraît odieuse et insupportable à un grand nombre d'hommes qui la repoussent et qui la maudissent. Les révolutionnaires de 1871 répètent, comme leurs pères de 93 : *Périssent la France et l'Europe, périsse la société tout entière, plutôt que nos principes.*

On peut même ajouter, sans hyperbole, que la nation française, prise dans son ensemble, vaut beaucoup moins, à l'heure présente, qu'à l'époque de la première révolution. Le mal, ayant rompu toutes ses digues, a continué sans obstacle le progrès de ses ravages, et chacun peut voir que la corruption ayant pénétré les masses populaires, celles-ci sont incomparablement plus démoralisées et plus irréligieuses qu'elles n'étaient alors. Que dire des hommes qui, tenant le sceptre de la science et de l'esprit, dirigent les courants de l'opinion, accélèrent autant qu'ils le peuvent le mouvement de dissolution universelle, et donnent, pour la plupart, des exemples et des leçons de la plus révoltante impiété !

Mais c'est contre la royauté chrétienne, contre la monarchie catholique que les antipathies et les haines révolutionnaires se sont particulièrement déchaînées. En fait de gouvernement, les hommes du jour préfèrent tout à celui d'un prince légitime, tout, jusqu'à la tyrannie la plus violente ou la plus complète anarchie.

(1) Pour que l'obéissance et l'autorité soient réelles, il faut que les *sujets*, que le *souverain* lui-même, soient bien convaincus que le pouvoir suprême *vient de Dieu* et non pas des hommes, et qu'un roi n'en est que le dépositaire.

Cette aversion extraordinaire est le mystère le plus effrayant de notre époque. Car ces deux régimes si opposés ont fait leurs preuves, et nous pouvons désormais les juger sur pièces. L'ancienne monarchie a duré treize cents ans, et la période démocratique quatre-vingt. La première a eu soixante-cinq rois et pas un tyran ; le nouveau régime ne compte pas moins de treize ou quatorze constitutions, c'est-à-dire de révolutions; il nous a donné deux exterminateurs d'hommes tels que le monde n'en avait pas encore vus : Robespierre et Napoléon, Robespierre avec la Terreur et ses 44,000 échafauds, les quatre invasions de 1792, 1814, 1825 et 1870, une usurpation des plus fatales de 1830 à 1848, un règne d'aventure qui a duré vingt ans et qui a valu à la France plus de corruption, d'impiété et d'affreux désastres, que toutes les autres phases révolutionnaires. Comparez et jugez de quel côté est la sécurité, la stabilité (1) et surtout la liberté? car, jamais nous n'avons été moins libres que depuis que nous le sommes. La monarchie a eu, sans doute, ses abus comme tout ce qui est humain : la souveraineté du peuple les a remplacés par des crimes et des excès monstrueux et par des malheurs sans exemple. Nous le demandons ensuite : Qu'est-ce que l'absolutisme de la royauté, alors qu'elle était chrétienne, en regard du despotisme et des tyrannies exercés par la multitude ou concentrés dans l'arbitraire, le caprice et la volonté d'un seul?

(1) On peut appliquer dans une certaine mesure aux institutions politiques ce qu'on dit avec tant de vérité des biens du temps, comparés aux biens éternels : *Ce qui passe n'est rien, ce qui dure est tout.* En effet, rien de plus troublé, de plus incertain, de plus éphémère que les démocraties; rien au contraire de plus paisible, de plus durable et de plus solide que la royauté héréditaire et qu'une monarchie vraiment chrétienne.

Mais n'allons pas plus loin dans cet ordre de considérations, et prenons les choses non pas au point où on souhaiterait qu'elles fussent, mais dans leur état présent. La France est plus malade que jamais; chacun le sait, en convient et en souffre. Toutefois, pour panser des plaies si profondes, nous devons prendre garde de les irriter et de les envenimer. L'essentiel est d'appliquer au malade un régime qu'il soit capable de supporter dans son extrême faiblesse, un régime qui, sans le guérir, puisse du moins reculer son heure suprême et lui faire gagner quelque temps sur la mort. Ainsi, bien qu'il ne soit pas donné à l'homme de changer les lois de la nature et que la Providence ne détruise pas, pour lui plaire, celles qu'elle a établies, plusieurs esprits politiques, même des plus intelligents, ont pensé que les hommes de nos jours ayant perdu jusqu'à la notion de l'autorité et de l'obéissance, un si grand mal était désormais sans remède; mais que dans l'impuissance de lutter contre ce courant si général des aspirations et des tendances modernes, on pouvait du moins en arrêter le progrès, en diminuer les périls et même peut-être les conjurer, en adoptant un système mixte, une sorte de *juste milieu* entre la monarchie et la démocratie, de manière à maintenir, par un certain équilibre, des pouvoirs multiples se balançant les uns par les autres ; et c'est alors qu'a été créé le gouvernement représentatif, considéré aujourd'hui comme le chef-d'œuvre de la politique.

Voici le moment d'en dire quelques mots et, après y avoir sérieusement réfléchi, d'en exprimer toute notre pensée. Il paraît d'abord singulier que deux éléments si contraires, si peu compatibles : l'élément populaire et l'élément monarchique puissent former un tout harmonieux, un assemblage durable et solide. Ce qui n'excite pas une moindre surprise, c'est que la nation française si longtemps heureuse et catholique sous ses rois, aille chercher et demander des modèles de constitution chez des peuples séparés de l'Église, à des sectaires dont les principes et les idées politiques sont nécessairement faussés par les erreurs invétérées de leurs doctrines religieuses; et déjà, en effet, l'expérience ne nous a-t-elle pas appris que, sous le régime parlementaire, la foi catholique s'affaiblit au point que les esprits sont portés insensiblement, et sans qu'ils s'en doutent, à ne plus croire que faiblement à la Providence, à la nier même résolûment; car depuis que nous prétendons tout conduire, nous nous imaginons que celui qui nous a créé ne conduit plus rien, et qu'abdiquant son pouvoir, il est devenu lui, aussi, *un roi constitutionnel, qui règne et ne gouverne pas.* C'est une immense erreur de croire que la nature des institutions politiques est indifférente. Bonnes ou mauvaises, elles finissent toujours par former et mouler à leur image les sociétés qu'elles régissent.

Avant de considérer comme un retour sérieux à l'ordre cette espèce de compromis politique, et de faire une application nouvelle, à cette société si malade, de la théorie des trois pouvoirs, il serait sage de peser et de méditer les résultats les plus clairs, les plus positifs de nos seize lustres de révolution; car, encore une fois, *il s'agit de rétablir à tout prix le respect du pouvoir souverain,* cette autorité sans laquelle la société ne peut exister et qui est aujourd'hui totalement détruite. Comme le sage agriculteur, le vrai politique doit avant tout chercher et considérer *le produit net.* Or, nous le demandons, tous nos essais constitutionnels, y compris le régime parlementaire qui est le moins mauvais, toutes ces expérimentations, même à part les malheurs et les désastres qui les ont marqués, que nous ont-ils apporté? La liberté ou plutôt la licence inévitable de *la presse* qui en est l'annexe obligée; la justice rendue par jury, autre innovation d'une utilité très-équivoque et condamnée par d'excellents esprits; la liberté de la parole dans les deux tribunes parlementaires, et même dans les clubs ; la discussion publique et passionnée des lois, discussion qui les livre au mépris et prédispose à les violer; la destruction de toute espèce d'autoririté, et notamment de l'autorité paternelle, cette grande base de l'ordre social ; une éducation officielle dont le principe dominant est la négation ou tout au moins l'oubli absolu du christianisme et même de toute religion; un nombre prodigieux et toujours croissant de matérialistes et d'athées; des charges, des dettes publiques, des contributions écrasantes et constamment progressives, après une révolution dont la demande d'un impôt nécessaire avait été le prétexte; la destruction de toutes les franchises et de toutes les libertés par un système de centralisation excessif, contraire à tous les intérêts et qui, entravant ou paralysant la marche des affaires et n'admettant pas d'autre initiative que celle de l'Etat, tend à réduire l'activité individuelle à une espèce d'ilotisme; l'agrandissement insensé et continu (dont la monarchie avait senti le danger) d'une cité gigantesque qui n'était pas seulement la capitale de la France, mais le grand foyer des révolutions de l'Europe ; le *nombre* établi comme la raison suprême, et le principal *criterium* de la justice et de la vérité, enfin ce système *électif* appliqué partout et dans les plus mauvaises conditions et qui, sous le nom de suffrage universel, a produit, comme chacun sait, de si beaux résultats, système, cause génératrice et continue d'agitation, de luttes ardentes, de corruption, d'intrigues et de bassesses.

Il est vrai que le régime parlementaire nous a légué

quelques beaux discours et même des chefs-d'œuvres d'éloquence, mais déjà à peu près oubliés et noyés d'ailleurs dans de stériles débats et dans un déluge de vaines paroles; il nous a donné aussi quelques bonnes lois, mais perdues dans un immense dédale de lois inutiles, ou contradictoires, ou mauvaises.

Au sujet de la confection des lois, nous devons placer ici une observation importante. Pour qu'elles soient sages, vraiment utiles, et surtout obéies et respectées, elles doivent être conçues, discutées, élaborées, non dans les débats souvent orageux d'une grande assemblée, d'autant moins calme, d'autant plus passionnée qu'elle est plus nombreuse; mais dans les conseils intimes, et, si on peut le dire, dans le sanctuaire du pouvoir, où quelques hommes d'élite, d'une droiture de cœur et de jugement éprouvée, accomplissent la tâche si difficile du législateur, les bonnes lois étant le chef-d'œuvre de la sagesse humaine. Il est certain que des discussions publiques, accompagnées des commentaires et des critiques de la presse, comme celles dont nos Corps délibérants nous donnent le triste spectacle, rendent en France, plus qu'ailleurs, le respect des lois impossible, en sorte qu'au seul point de vue législatif, le régime parlementaire est essentiellement vicieux. Ajoutons qu'il blesse à un haut dégré l'esprit du catholicisme qu'un illustre protestant, M. Guizot, appelle la religion *du respect*. Il est du devoir de tout chrétien, non-seulement d'obéir aux lois, mais de les respecter soit en elles-mêmes, soit dans ceux qui sont chargés de leur confection, et tout ce qui altère et affaiblit en nous ce sentiment, est contraire à la lettre et à l'esprit de l'Evangile. Voilà pourquoi les lois et les pouvoirs qui ne sont pas respectés, durent si peu (1).

(1) Une question si grave exigerait un examen plus approfondi; ajou-

En résumé, que résulte-t-il d'une souveraineté à plusieurs têtes, et divisée en deux ou trois pouvoirs : que ces pouvoirs, nécessairement rivaux, vivent et agissent dans un état de défiance réciproque et de lutte à peu près continue, état diamétralement contraire à cette union qui fait l'harmonie et la force, à cette paix qui est, comme on l'a dit excellemment, *la tranquillité de l'ordre*. Il arrivera donc, tôt ou tard, un moment où le plus fort prenant le dessus, l'équilibre politique sera détruit ; et ce moment sera celui d'une révolution. C'est ce que nous avons vu

tons seulement quelques réflexions : En fait de bonnes lois, que peut-on raisonnablement espérer d'une assemblée délibérante, composée d'éléments si divers et si disparates, au point de vue des opinions, des principes, des connaissances, des caractères et des passions individuels. Jamais l'accomplissement d'un grand devoir n'eût un besoin plus pressant des lumières d'en-haut, que la redoutable fonction de législateur. Et cependant, qu'ils sont rares les hommes qui apportent, à une pareille tâche, des pensées et des dispositions vraiment chrétiennes ! Qu'attendre de ces réunions politiques, dont l'esprit religieux est totalement banni, et où l'on ose à peine prononcer le nom de Dieu ? Les résultats de tant de paroles et de débats sont infailliblement frappés de stérilité et peut-être de malédiction. Il faudrait qu'un Corps législatif fût une assemblée de sages, un véritable sénat *catholique et romain* ; et, par la modération et la gravité de ses membres, par leur amour de la religion et de la patrie, de la vérité et de la justice, qu'il fût une sorte de concile politique.

Rien n'est encore plus contraire au respect que Dieu commande pour tous les supérieurs, et particulièrement pour son lieutenant couronné, que de ne voir en celui-ci qu'un mandataire du peuple, qu'un simple fondé de pouvoir, qu'un commis responsable et révocable à volonté, c'est-à-dire au fond, *un véritable sujet*. N'est-ce pas là une usurpation du droit de l'éternel suzerain, auquel la théorie révolutionnaire fait une insulte dans la personne de son représentant.

en 1789, 1830, 1848, et 1851 : de là une oscillation perpétuelle entre l'anarchie et le despotisme.

Tels sont, en définitive, les résultats des nombreux régimes sortis de l'explosion du volcan révolutionnaire, régimes dont l'esprit *recteur* est resté le même dans le cours de leurs phases successives, sans en excepter la prétendue restauration de 1814 qui est venue d'outre-mer apporter une charte à la France. Après cette suite de déceptions cruelles et surtout après les châtiments si terribles, si visiblement divins dont nous sommes coup sur coup foudroyés, tremblons de faire retomber encore le char de l'État dans une ornière si fatale(1).

(1) Quand une thèse est à la fois importante et vraie, plus les preuves qui l'établissent surabondent. Voici une autre considération qui nous frappe : le régime parlementaire est considéré comme un progrès de notre temps, et comme une nouvelle conquête de la civilisation moderne ; où ces grands mots de *progrès* et de *conquêtes* n'ont pas de sens, où ils signifient un *état meilleur*, un régime préférable à tous ceux qui l'ont précédé ; et alors la perfection consisterait, pour un peuple, à être d'autant moins gouverné qu'il est plus porté à l'indépendance : c'est en flattant les penchants de la nature, c'est en caressant l'orgueil humain, qu'on espère en arrêter et en modérer les écarts ; on conviendra que c'est un étrange remède ; et puis l'homme étant fait pour la société et ne pouvant vivre et se développer que par elle, comment admettre que Dieu ne lui ait pas donné dès le commencement les lois, les institutions les plus conformes à sa nature, et les mieux appropriées à sa fin ? la Providence aurait ainsi fait attendre à l'humanité, près de 6000 ans, le genre de gouvernement le plus parfait ! Nous comprenons qu'on nous parle du *progrès des sciences et des arts physiques* ils doivent suivre la marche des temps ; mais les principes essentiels à la vie intellectuelle et morale des sociétés sont *immuables*, et depuis l'Evangile, nous les connaissons et nous les possédons dans toute la plénitude de leur vérité.

De toute nécessité, il semble donc que si la société française veut revivre, elle doit revenir sans restriction, sans réserve et sans délai au plus simple, au plus naturel, au plus stable des gouvernements. De même qu'en dehors de l'Église catholique il n'est point de salut spirituel pour les individus, en dehors de la monarchie pure et complète, il n'est plus aujourd'hui de salut temporel pour les nations. Ce ne sont pas des régimes mitoyens des constitutions écrites qui nous sauveront, mais la vraie royauté, la royauté de saint Louis et d'Henri IV, sauf les modifications que la différence des temps peut nécessiter.

Les objections qu'on oppose au rétablissement de notre antique et glorieuse monarchie, ne sont donc au fond que de vains fantômes, un ridicule épouvantail créés par les préventions les plus fausses.

Qu'aurions-nous à redouter d'un prince chrétien, et catholique avant tout, qui régnerait paternellement et qui gouvernerait hardiment; d'un roi toujours père et jamais tyran, *le césarisme n'étant possible que chez un peuple où la foi s'est éteinte?* Son indépendance de souverain consisterait à être le père et le serviteur de ses sujets. D'ailleurs, qu'on ne s'y trompe pas : un bon roi du XIXe siècle ne peut porter qu'une couronne d'épines, à moins que l'amour de son peuple ne vienne y entrelacer quelques roses, car il est difficile qu'il ne soit pas de nos jours la victime quotidienne de tant de plaies à cicatricer, le martyr du dévouement et du sacrifice.

Tout bien doit découler de la royauté chrétienne, comme le ruisseau découle de sa source ; le mal, jamais ; car si des abus se produisent, si des injustices se commettent, il faut que l'opprimé, que le moindre Français qui souffre, puisse, avec confiance et du fond du cœur, pousser comme nos pères ce cri si touchant : *Ah ! si le roi le savait !!!*

Constamment pénétré de l'étendue et de la sainteté de ses devoirs, il sera moins libre, en réalité, qu'aucun de ses sujets ; il ne fera rien d'important sans s'éclairer des lumières et de l'expérience de quelques hommes d'élite d'une sagesse reconnue, mais surtout avant d'avoir imploré l'assistance de *l'Ange du grand conseil.*

Il faut donc que le prince consulte ; mais, en même temps, c'est lui seul qui décide ; autrement, plus d'autorité.

Comme les juges qui doivent délibérer avant de prononcer leurs arrêts ont, au-dessus d'eux, un tribunal en dernier ressort, dont la sentence est irréformable ; autrement, il n'y a pas de justice.

Ainsi, encore dans la famille, l'époux prend conseil de sa femme, sans que les enfants interviennent, mais c'est toujours lui qui prononce comme chef ; autrement, plus de pouvoir paternel.

On a beau faire, dit M. de Bonald, il faut absolument en venir à un pouvoir discrétionnaire ; et M. de Maistre ajoute : Bien que tout homme, *prince* ou *sujet*, soit exposé à se tromper, on doit accepter, comme *infaillible*, la volonté *souveraine*, ou il n'y a plus de gouvernement.

Et si le pouvoir populaire a le droit de contrôler le pouvoir du monarque, ces deux pouvoirs étant faillibles et en plein désaccord, qui décidera entre eux ? Il faut donc absolument, sous peine d'anarchie, une autorité supérieure à toutes les autres.

D'ailleurs, il ne peut être question ici d'un pouvoir illimité, puisqu'il n'en existe pas, même en Dieu, qui ne peut rien faire qui ne soit rigoureusement conforme à la perfection de sa nature. Nous avons à choisir entre l'absolutisme de l'autorité royale et celui du pouvoir populaire ou des multitudes, c'est-à-dire du plus arbitraire et du plus tyrannique de tous les pouvoirs. Le peuple est toujours passionné, *s'il n'est pas retenu*, et conséquemment, plus ou moins aveugle. Car, en lui, une volonté déréglée se met à la place de la raison qui peut seule l'éclairer et le guider ; et c'est ce renversement désastreux qui produit toutes les révolutions. Oui, le peuple est toujours plus ou moins passionné. S'il est assemblé sans être contenu, il est inévitablement tumultueux, sourd à la voix de la raison comme aux leçons de l'expérience; il n'est capable de sagesse qu'à l'une de ces deux conditions : qu'il soit à l'église ou sous les armes, qu'il prie ou qu'il obéisse.

Nous ne voulons plus de la royauté, parce que nous voulons nous-mêmes être souverains. Voilà pourquoi le régime parlementaire nous plaît; il flatte notre vanité et notre orgueil. On veut être un personnage, on aime à faire le roi : les plus ambitieux ou les plus habiles, s'ils ne règnent pas par la majesté du sceptre, espèrent régner par la puissance de la parole et se faire un trône de la tribune. Presque toujours, en effet, ce diadème de l'éloquence rayonne sur le front de quelque heureux mortel. Hier, c'était l'illustre Berryer; c'est aujourd'hui M. Thiers. En un mot, ces luttes oratoires tantôt nous émeuvent, et tantôt, nous ravissent : quand elles ne nous intéressent pas, elles nous amusent : amusement périlleux, jeu terrible auquel on gagne peu et rarement ; et qui, à tous les points de vue, nous a déjà coûté infiniment cher.

Un prince chrétien, de nom et de fait, une royauté, fille aînée de Jésus-Christ et de l'Eglise, donne à la tranquillité et au bonheur d'une grande nation les plus solides garanties. Sans doute, un bon roi ne dépend que de Dieu, mais cette dépendance lui impose des obligations sacrées, qu'il ne peut violer impunément. Dans notre France, par exemple, il faut qu'il soit fidèle à certaines conditions fondamentales, telles que celle d'être et de rester catholique ; puis la succession de mâle en mâle, par ordre de primogéniture, puis encore l'indépendance des tribunaux, pourvu que la justice soit rendue en son nom et qu'il en reste toujours le chef; et, c'est pour constater cette suprématie que le privilége du pardon, le droit de faire grâce lui est exclusivement réservé. Répétons aussi que le souverain peut et même doit déléguer la plus grande partie de son autorité, afin d'en rendre l'exercice praticable ; mais il faut qu'il en soit considéré comme la source unique et il ne lui est pas permis de l'abdiquer, car son *devoir* est de gouverner, comme le *droit* du peuple est d'être gouverné (*Bonald*).-Il doit accorder aussi toute les franchises, toutes les libertés locales, dans la mesure compatible avec l'intérêt général, avec le maintien de l'ordre, ainsi qu'avec l'unité centrale et l'action directrice du gouvernement.

Pour prévoir et applanir les nouvelles difficultés qu'on pourrait faire encore, mettons les choses au pire, et supposons que le souverain s'oublie jusqu'à manquer essentiellement à ses devoirs : alors il peut arriver que les sujets répondent, à ses excès ou à ses violences, par les leurs; c'est-à-dire, qu'ils se révoltent et qu'ils aillent même jusqu'à lui arracher la couronne et la vie. Malheureusement cela s'est vu plus d'une fois, bien que l'insurrection contre les supérieurs, qui font de leur autorité un abus plus ou moins criant, ne soit jamais légitime. Mais c'est une des lois de la Providence de permettre ces tragiques représailles, et de punir de grands coupables par d'autres coupables qui le sont quelquefois plus qu'eux-mêmes. C'est ainsi que la France et son indigne chef viennent de subir une humiliation et des désastres sans exemple, par la plus épouvantable des guerres et des invasions connues; c'est ainsi que cette magnifique et trop criminelle cité, ivre d'impiété, d'orgueil, de débauches, s'est affaissée sous le poids de toutes ses corruptions, en proie à des flammes vengeresses sorties des soupiraux de l'enfer, déjà détruite, en partie, par des hordes de bêtes féroces, par des monstres à figure humaine, les plus pervers et les plus exécrables qui aient jamais épouvanté la terre (1).

Hélas! il s'est fait en France, et par la France, beaucoup de mal, infiniment de mal; mais aussi, comme nous aimons à le répéter, une grande somme de bien qui tend à prendre encore un immense accroissement, et, quand viendra l'heure de la miséricorde, à devenir peut-être le principal et merveilleux instrument de la régénération de l'Europe. Cette nation extraordinaire est, comme la presse elle-même, un tout-puissant levier qui ébranle le monde social jusque dans ses bases, et qui le remue tout entier aujourd'hui pour le perdre, demain pour le sauver. Que les Français soient enfin catholiquement gouvernés, que la science impie, redevenue chrétienne, se dévoue sans réserve au service de la vérité, et dès lors, on peut s'attendre à la plus glorieuse phase de l'humanité, qui succédera par un changement prodigieux à celle qui nous tient comme écrasés sous l'affreux pressoir d'une montagne de douleurs.

Les Français sont les Juifs de la seconde alliance, le nouveau peuple de Dieu, qui présente avec le premier les plus étonnants rapports de privilèges et de destinées, de faveurs et d'ingratitudes, de crimes énormes et de châtiments épouvantables. Il y aurait à faire et à signaler entre

(1) Voir à la fin le Post-Scriptum.

eux des rapprochements d'une fécondité singulière et du plus puissant intérêt. Nous avons, comme les Hébreux, notre sortie d'Egypte et notre captivité de Babylone. Oui, nous pourrons dire avec une saisissante vérité, quand nous serons délivrés de la révolution, que nous avons aussi *traversé le mer Rouge*, une mer de sang mêlée à une mer de larmes ; et nous chanterons, comme Moïse, avec nos libérateurs : « Seigneur, ce n'est point aux hommes » qu'il faut attribuer ces merveilles, mais à vous seul. Glo-» rifiez votre nom dans l'évidence de votre vérité et dans la » grandeur de vos miséricordes, afin que l'impiété ne dise » pas : *Où est donc leur Dieu* » (1).

Aux Juifs captifs pendant 70 ans, sous le joug des Babyloniens, correspondent les *70 années* de captivité et de servitude de l'Église et de la France, en prenant pour point de départ l'avènement en 1800, 1801, 1802 de Napoléon, justement nommé *la Révolution incarnée*, et qui ressemble trait pour trait à Nabuchodonosor.

Les catastrophes de Jérusalem et de Paris présentent un parallélisme d'une vérité et d'une perfection effrayantes. On y trouve l'harmonie des temps dans les années similaires *70* et *1870*; le même chiffre de population au commencement des deux siéges, c'est-à-dire deux millions d'habitants. Les assiégeants sont, d'un côté, une armée d'idolâtres ; de l'autre, une armée d'hérétiques. Lès

(1) Voici le texte de ces beaux versets que tout catholique sait par cœur : « In exitu Israel de Ægypto, domus Jacob *de populo barbaro*... Non nobis, Domine, non nobis, sed nomini tuo da gloriam. Super misericordia tua et veritate tua, nequando dicant gentes : *Ubi est Deus eorum.* » Ici, chaque parole et chaque mot est la peinture fidèle et le commentaire lumineux de ce que nous voyons et de ce que nous verrons.

divisions intestines préparent et consomment la ruine des deux capitales, et les fureurs des partis qui opprimaient la cité juive, ont été surpassées par les excès, les cruautés, les horreurs de la Commune de Paris. Enfin, les deux villes sont dévorées par les flammes, et plus d'un million d'hommes périssent dans Jérusalem. Quel est, quel sera dans Paris le nombre des victimes : l'avenir, hélas ! nous l'apprendra peut-être; car, malgré tant de sang et de ruines, qui oserait affirmer que l'heure présente n'est pas grosse de nouveaux malheurs !

Si l'on compare les crimes qui ont attiré sur ces deux cités toutes les colères du Ciel, la parité n'est pas moins frappante dans leur nature et leur énormité. Jérusalem s'est rendue coupable, non-seulement d'un déicide, mais encore d'un régicide, dans la personne du Sauveur qui était le vrai roi des Juifs et qui fut crucifié comme tel. Or, la capitale de la France a non-seulement immolé son roi (*vrai Christ humain*), mais elle a fait souffrir à son Dieu, à son divin monarque, une autre passion et une seconde mort, dans l'abolition de son culte, dans la destruction de son règne temporel, dans le martyr de son vicaire (Pie VI), de ses serviteurs et de ses ministres.

Mais après des châtiments et des expiations si terribles, les réparations auront leur tour pour les Français, pour l'Église, pour les Juifs eux-mêmes. Elles seront incomparables, et tout annonce que nous touchons à la plus magnifique des époques.

Après toutes les faveurs du passé, et même au milieu des douleurs présentes, tant de symptômes consolants et de signes d'un meilleur avenir, n'ayons pas l'ingratitude et la folie de nous défier de la tendresse d'un père qui ne se lasse point de pardonner. Gardons-nous, sur toutes choses, de poser à notre confiance des conditions et des réserves. Demandons-lui d'abord humblement ce qu'il veut, avant de lui dire ce que nous voulons. Aveugles et présomptueux que nous sommes, savons-nous bien, en fait de gouvernement, ce qu'il nous faut aujourd'hui pour nous rendre vraiment heureux ? Ecoutons d'un oreille attentive la voix des événements qui est celle de la Providence ; et, si nous sommes dans une disposition de docilité et d'abandon filial, soyons assurés que le Ciel nous éclairera de sa lumière et même qu'il nous inondera de ses rayons. En un mot, acceptons avec confiance le sauveur qu'il nous enverra, acceptons-le, et laissons-le faire.

Nous, hommes du XIXe siècle, fils dégénérés des Francs convertis de Clovis, appliquons-nous les paroles si connues, adressées par saint Remi à son royal néophyte, quand il versa sur son front les eaux régénératrices : *Fier Sicambre, brûle ce que tu as* (trop longtemps) *adoré, et adore* (enfin) *ce que tu as brûlé* (1). Recevons pleins de joie et de reconnaissance le prince que Dieu nous offre et qui vient visiblement de sa part. C'est un père, c'est un véritable roi qui s'avance vers nous, les bras ouverts, pour nous serrer sur sa poitrine, où bat le plus noble et le plus français de tous les cœurs. Il s'appelle *Dieudonné,* nom qui n'est beau que parce qu'il est vrai. Dieu nous l'a donné une première fois par une naissance toute miraculeuse et il nous le rend, il nous le donne de nouveau, par un prodige de bonté beaucoup plus insigne.

O France, voici donc le monarque prédestiné que la Providence tenait depuis longtemps en réserve pour le grand jour des effusions de sa miséricorde. Élevé, mûri à l'école de toutes les infortunes, il te revient aujourd'hui,

(1) On comprend que ces paroles ne sont point ici prises à la rigueur, mais dans un sens général et dans une sage mesure.

après quarante années d'exil, plus digne que jamais de présider à tes nouvelles destinées, avec cette expérience et cette sagesse que produit dans une haute intelligence et dans une grande âme l'adversité, noblement supportée. Il t'offrira dans sa personne le fidèle et vivant souvenir des plus belles qualités de ses aïeux. Venez, auguste héritier de la couronne des lys, vous l'élu de Dieu, choisi et même signalé d'avance (1), pour répondre aux aspirations et aux besoins d'une société défaillante, prête à tou-

(1) Voici, parmi beaucoup d'autres, quelques passages prophétiques qui ne peuvent s'appliquer qu'à Henri V :

I. PROPHÉTIE DE SAINT PATERNE. « La religion souffrira et le sang coulera, tant que la France sera sourde à la voix de l'*orphelin royal*, du *prince posthume* qui, devenu homme, fera dans Rome son apparition. » (1840).

II. JÉRÔME BOTIN. (Prophétie du XVe siècle, que nous avons lue pour la première fois en 1816, un peu avant le mariage du duc de Berry.) « Et il y aura un enfant du sang royal *que donneront* les gens d'Artois ; Henri V, petit-fils du duc d'Artois (Charles X). Il gouvernera la France avec gloire et sagesse, et la main de Dieu sera avec lui. »

III. NOSTRADAMUS (médecin de François Ier, de Charles IX et de Henri III.) « Il naîtra en France un prince si royal (nous traduisons), que tous les rois le diront venu du ciel, (Henri Dieudonné, surnommé en 1830 l'*enfant de l'Europe*), l'arbre qui passait pour mort et desséché, reverdira dans l'espace d'une nuit. » (Le prince expirant annonça dans la nuit de sa mort la grossesse de la duchesse de Berry.)

IV. MOINE DE PADOUE. (Chronique du XVIe siècle, conservée à Milan, dans la bibliothèque Ambrosienne.) « Quart Henricus (Henri IV), si moult aimé que oncques ne se vit, sera occis en magnistime deuil; l'autre, du même nom d'Henricus, grand aïeul à lui, moult le remembra (lui ressemblera). Il verra Gaule et peuple d'icelle dans ses mains, *aux grands ébaïssements de joie de l'Europe et de l'Asie.* »

cher sans vous à son heure suprême ; montez enfin sur le trône de vos pères pour régner avec la grandeur de Charlemagne, avec la foi et la justice de saint Louis, avec la franchise et la bonté d'Henri IV, avec la majesté de Louis XIV. Vous serez surtout, comme Louis XVI, le tendre père de votre peuple, mais plus roi et plus énergique que lui; vous verrez renaître, pour votre personne sacrée, ce profond respect et cet amour si ardent, si expansif, que nos aïeux portaient à la race de saint Louis. Le bonheur des Français sera de vous obéir et de vous aimer ; tous à l'envi, reconnaissant en vous un libérateur descendu du ciel et chargé par lui de fermer d'un sceau miraculeux l'abîme des révolutions. Sous votre sceptre béni, la religion et la royauté, inséparables comme deux sœurs vivant de la même vie, ne feront plus qu'une seule âme ; et c'est alors qu'au pied de la croix triomphante et de l'Agneau vainqueur de tous ses ennemis, la justice et la paix, si longtemps exilées, s'uniront par les nœuds sacrés d'une alliance nouvelle, dans les ineffables étreintes d'un saint et délicieux embrassement.

APPENDICE

Le péril social est si pressant, qu'il n'y a plus de réticence ou de concession à faire, ni de ménagements à garder. Ce qu'on n'eût pas osé dire, il y a un an, il est nécessaire de le dire aujourd'hui. Par la destruction du pouvoir public, la société se trouve acculée à un précipice où elle va tomber infailliblement, si elle ne s'arrête pas sans délai dans les voies où elle s'est fourvoyée.

Maintenant que les habiles ne connaissent plus en toutes choses que les demi-vérités, les demi-mesures et les partis mitoyens, on nous trouvera sans doute beaucoup trop catholique dans notre ton et dans notre langage. Mais des maux extrêmes ont besoin d'extrêmes remèdes, et l'autorité ne peut être reconstituée que sur le solide fondement, sur le roc inébranlable de la religion et de la foi. La religion et la politique doivent désormais s'unir étroitement pour ne plus se séparer ; car leur divorce impie a été l'immense malheur des peuples, et le plus grand crime de leurs gouvernements.

Afin de rendre, autant que possible, cette étude politique, concluante et démonstrative, nous croyons utile d'y ajouter quelques pensées publiées, il y a plus d'un demi-siècle, par le plus sage et le plus profond de nos publicistes. Lecteurs chrétiens, lecteurs français qui êtes restés dignes de ce beau nom, lisez et relisez ces paroles prophétiques de M. de Bonald, cet homme de génie, déjà presque oublié, et qui par la fermeté de sa foi appartient lui-même à ce glorieux passé, dont nous ne voulons plus et que nous méprisons. Méditez-les sur les ruines fumantes de notre malheureuse patrie, elles vous éclaireront et vous toucheront; et, s'il en était besoin, elles pourront vous montrer au doigt, au milieu de l'immense naufrage qui menace de tout engloutir, l'unique et dernière planche de salut.

EXTRAIT

DES

Pensées de M. DE BONALD, sur divers sujets.

Ouvrage publié en 1817.

---

1. Même après l'exemple de la France, il manque à l'Europe une dernière leçon, malheur au peuple destiné à la lui donner.

2. L'état agricole, première condition de l'homme, est essentiellement monarchique. La propriété territoriale est un petit royaume....... Aussi l'Évangile compare perpétuellement le royaume à la famille agricole.

3. La France, premier-né de la civilisation européenne, sera la première à renaître à l'ordre ou à périr.

4. Qu'est-ce que l'état de roi? Le devoir de gouverner. Qu'est-ce que l'état de sujet? Le droit d'être gouverné.

5. La royauté de saint Louis était plus vénérée par ceux qui combattaient contre le roi, qu'elle ne l'était même sous Louis XIV, par ceux qui le servaient.

6. La cause de la grandeur des Romains fut dans la partie monarchique de sa constitution; le principe de la décadence, dans la partie démocratique.

7. Il n'y a eu en Europe, *pendant vingt ans*, que des vues courtes et fausses en politique, parce qu'il n'y a eu aucune vue religieuse. *Car il n'y a que la religion qui entende la politique.*

8. Le pouvoir n'est un si grand sujet de division... que parce qu'il ne peut être un objet de partage.... il est indivisible, c'est la tunique sans couture.

9. La constitution d'un état en est le tempérament, et l'administration en est le régime.

10. On a beau faire, il faut dans un État, comme dans une famille, un *pouvoir discrétionnaire*, ou bientôt la société tout entière, chefs et subalternes, ne sera qu'un troupeau d'automates.

11. L'oppression publique ou politique n'est nulle part plus fréquente que dans les États réputés libres, et elle y fait en quelque sorte partie de leurs libertés..... En général, il y a plus d'oppression privée là où il y a plus de liberté publique, telle qu'on l'entend aujourd'hui, et qui n'est autre chose que l'affaiblissement du pouvoir, c'est-à-dire, plus de facilité pour le désordre.

12. Il n'y a pas plus de deux constitutions : une bonne et conforme à la nature des hommes et de la société, une mauvaise et contre la nature de l'une et de l'autre, *celle de l'unité du pouvoir et celle de la pluralité des pouvoirs.*

13. Quand les méchants triomphent, ils parodient la société.... et ils donnent même des lois au désordre pour le faire durer, tant est profonde et naturelle l'idée de l'ordre.

14. La France est au cœur de l'Europe, et elle en est le cœur : s'il bat trop fort ou trop vite, la fièvre et le désordre peuvent se mettre dans le corps entier.

15. La *révolution française* ou plutôt européenne a été

un appel fait à toutes les passions par toutes les erreurs : elle est... le mal élevé à sa plus haute puissance.

16. Qu'on ne s'y trompe pas, partout où il y a seulement deux hommes, un homme domine. A la place d'une autorité légale s'élève une autorité personnelle... on aura beau faire, il y aura toujours un seigneur dans chaque village ; et, si à la fortune, au crédit, à l'intrigue, un homme joint l'autorité municipale, il y aura un tyran.

17. Il y a des lois pour la société des fourmis et pour celle des abeilles, comment a-t-on pu penser qu'il n'y en avait pas pour la société des hommes, et qu'elle était livrée au hasard de leurs inventions. Ces lois, quand elles sont oubliées de la société publique, se retrouvent dans la constitution de la société domestique.

18. Dans la société, le bien tend toujours au mieux et le mal au pire... et le meilleur peut ainsi se rencontrer avec le plus mauvais, et c'est ce qu'on a vu pendant notre révolution.

19. Il faut toujours, dans un Etat, la même quantité de pouvoir. Quand il échappe aux mains du prince, il tombe aux mains d'un homme puissant ou dans celle d'un corps..... *Mais les corps les plus dangereux sont les Corps législatifs*, qui ayant une part légale et constitutionnelle du pouvoir n'ont qu'un pas à faire pour s'emparer de l'autorité.

20. Il faut, quand on gouverne, voir les hommes tels qu'ils sont, et les choses telles qu'elles doivent être; souffrir l'imperfection des hommes, et tendre de toutes ses forces à la perfection dans les choses.

21. La vérité n'est pas au milieu comme la vertu ; mais dans les extrêmes.

22. De nos jours le désordre a passé dans les lois, et il

n'y a jamais de désordre à craindre que celui qui est consacré par la législation.

23. Il faut marcher avec son siècle, dit-on; mais ce n'est pas avec un siècle, c'est avec tous les siècles qu'il faut marcher.

24. La République est une loterie de pouvoir..... les hommes fous ne rejettent jamais la royauté, que parce qu'ils veulent eux-mêmes être roi, sous un nom ou sous un autre.

25. Le pouvoir n'est pas la liberté ; et il n'y a pas d'hommes moins libres que ceux qui sont constitués en dignité.

26. C'est à l'homme à s'enrichir par le travail et l'économie; l'affaire de l'État, et même sa seule affaire, est de le faire bon.

27. Il n'y a d'indépendant sur la terre que le pouvoir public, et le pouvoir domestique : le père de famille et le roi ne relèvent que de Dieu.

28. On ne devrait assembler les hommes qu'à l'église ou sous les armes, parce que là, ils ne délibèrent point; ils écoutent et obéissent.

29. Aujourd'hui, les gouvernements les plus moraux sont ceux qui gardent une exacte neutralité, entre les bonnes et les mauvaises doctrines.

30. L'homme, pour faire le mal, n'a que sa propre force, les gouvernements ont, pour l'empêcher et pour faire le bien, une force immense : la force de Dieu même.

31. Un ouvrage dangereux écrit en français, est une déclaration de guerre à toute l'Europe.

32. Le plus grand mal qu'on puisse faire à la société, est la publication d'une fausse doctrine de religion, de morale ou de politique.

33. En Angleterre, la populace attaque des particuliers, pille leurs magasins, brise leurs métiers, démolit leurs

maisons, s'oppose à l'arrestation et au châtiment des coupables et, pour comble de dépravation, se livre à ces désordres avec une sorte de calme froid et tranquille; c'est ce qu'on appelle, chez un peuple chrétien, un état de société, et que des fanatiques admirent peut-être comme une preuve de liberté publique.

34. Si le pouvoir de l'État vient à s'affaiblir, la constitution populaire s'introduit partout, et dans l'État et dans la famille.

35. En politique, on a appelé libres les peuples qui le sont le moins, et ceux qui sont réellement les plus libres ont été regardés comme privés de toute liberté.

36. Jamais on n'a autant parlé des progrès de l'esprit humain, ni vu autant d'hommes égarés.

37. Tout pouvoir vient du peuple, de la politique moderne; tout pouvoir vient de Dieu, de la politique chrétienne. (Qui en croirons-nous?)

38. La souveraineté du peuple est l'idée la plus abstraite qu'il y ait au monde... La monarchie est au contraire ce qu'il y a de plus positif, de plus sensible et de plus réel.

39. En Angleterre la révolution de 1649, en France celle de 89, sont deux actes d'une même révolution qui ne peuvent avoir d'autre dénouement que la restauration générale de la société ou sa mort.

40. Il y a de quoi trembler pour la vérité lorsqu'elle descend dans l'arène d'une assemblée délibérante.

41. Rome, dans sa haute sagesse, changeait pour dernier remède la république en monarchie, par la dictature. Pour se sauver, l'Europe moderne se précipite dans la démocratie.

42. Une révolution, qui rendrait les hommes tous réellement souverains, ne les contenterait pas plus que celle

qui les rendrait tous esclaves, ce sont les inégalités qu'on aime tout en prêchant l'égalité.

43. La procédure par jury est l'état de la société *dans son enfance*. Quand il n'y avait pas de tribunaux, les pères de famille avaient la juridiction suprême, même le droit de vie et de mort; mais dans un gouvernement public, la fonction de juge doit être exercée par des personnes publiques, d'autant plus que, dans le dernier âge d'une société corrompue, le crime est *un acte*, et presque *une profession* : la fonction de le découvrir et de le juger doit donc être une étude.

44. Le Français est extrême en tout.... il adore ou il déteste. Il n'est fait ni pour les demi-désordres, ni pour les demi-vertus, ni pour les demi-revers, ni *pour les demi-gouvernements*..... On ne peut gouverner un peuple que par son caractère.

45. La politique ne sait pas assez combien il y a de force dans tout ce qui est religieux, et de faiblesse dans ce qui n'est qu'humain ; la religion est à la lettre l'âme de la société, et la politique en est le corps..... Nous voulons des corps sans âme.

46. Un homme peut être plus ou moins vertueux ; mais une chose ne peut pas être plus ou moins vraie ; aussi les esprits, qui par une fausse modération penchent pour les opinions moyennes, sont des esprits moyens ou médiocres.

47. Si la monarchie correspond au catholicisme, et la démocratie au presbytérianisme, un gouvernement mixte doit conduire à une religion mixte, c'est-à-dire à l'indifférence religieuse.

48. On n'aime que soi, et on ne devrait craindre que soi ; voilà pourquoi la religion nous commande de nous haïr.

49. Une preuve de plus que le décalogue a été donnée, par Dieu même, à la première société : c'est qu'il *n'y a d'injonction que pour les inférieurs*, pour *les enfants*, et non pour *les pères*, et par conséquent, comme l'entendent tous les interprètes, pour *les sujets, et non pour les rois*. Dieu, source de tous les pouvoirs, ne pouvait se donner des lois à lui-même dans la personne de ses délégués.

50. L'art de se précautionner contre la religion et la royauté est devenu un dogme politique, et le fondement des constitutions modernes. L'obscurcissement absolu de la raison humaine est ce qu'on appelle le progrès des lumières.

51. La charte de 1814 a décrété que les « Français sont « tous également admissibles à tous les emplois » : et, dans une loi plus ancienne, la nature a décrété que tous les hommes ne sont pas également admissibles à tous les emplois, parce que tous n'en sont pas capables.

52. Lorsque les hommes ont atteint le plus haut degré de malice, les gouvernements à l'envi les uns des autres ne s'occupent qu'à affaiblir la rigueur des lois et la sévérité des jugements.

53. Tout système de constitution pour la société politique, qu'on ne peut pas appliquer à la société domestique, en en réduisant la proportion à sa mesure, est faux et contre nature ; c'est la pierre de touche des constitutions.

54. Une nation, qui demande une constitution à des législateurs, ressemble à un malade qui prierait son médecin de lui faire un tempérament. — La constitution anglaise n'est pas autre chose qu'un mode d'administration, où le ministère tient plus de place que la royauté.

55. .... Ce que l'on redoute le plus aujourd'hui, ce sont des principes arrêtés et des sentiments énergiques.....

Cependant, la nature n'est pas modérée ; elle est toujours dans les extrêmes. La nature perfectionnée est à une extrémité. La nature corrompue est à l'autre, et ce qu'on nous a appris à cet égard de la morale s'applique à la politique : les hommes voudraient tenir le milieu qu'ils appellent *modération*, et rester en morale à égale distance du mal qui les révolte et du bien qui les épouvante, et rester aussi en politique à égale distance de la monarchie, qui est la perfection sociale, et de la démocratie qui est la corruption de l'état de société....; mais il arrive infailliblement, qu'entraîné dans une pente rapide, on tombe dans l'extrême du mal, pour avoir craint de s'élever à l'extrême du bien... Au fond il n'y a d'assiette fixe que dans l'un ou dans l'autre ; là où il n'y a plus à monter ou à descendre, l'équilibre entre les deux est impossible.

56. Le pouvoir est *volonté* et *action*, il est dans sa volonté, ou *absolu* ou *arbitraire*; dans son action limitée ou illimitée, le pouvoir illimité n'existe nulle part, pas même en Dieu, dont l'action dans l'univers est bornée par les essences des choses qu'il a crées. Dans les gouvernements humains, l'action du pouvoir est bornée par la résistance passive des existences indépendantes, comme dans la monarchie, ou par des résistances actives et souvent armées, comme dans le despotisme. Le pouvoir *absolu* est celui qui n'a aucun moyen légal de changer les *lois fondamentales ;* le pouvoir arbitraire est celui qui a un moyen légal de changer ses lois, mêmes fondamentales.

Tout pouvoir où le peuple a quelque part, est donc nécessairement arbitraire ; car, dit très-bien Rousseau : *le peuple a toujours le droit de changer les lois, même les meilleures...* Dans les gouvernements mixtes, le roi peut, il est vrai, s'y opposer et alors il s'élève une lutte entre ces pouvoirs ou l'un des deux finit par succomber.

57. Dans les premiers temps, l'auteur de toute société choisit un peuple pour conserver les vérités religieuses... et en fit son peuple, un peuple modèle, et le constitua pour cette noble fonction qu'il remplit encore par ses malheurs. Par une raison puissante d'analogie, il faut aussi, dans les derniers temps, un peuple modèle qui consacre par son exemple la pratique des vrais principes politiques, dont la société ne peut pas plus se passer que le dogme religieux, si ce peuple modèle existe en Europe, c'est certainement le peuple Français. C'est précisément parce que la France est destinée à servir de *société modèle* qu'elle est *société d'expérience*, abandonnée pour un temps à toutes les théories, à tous les essais, à tous les systèmes de conduite. Qu'on y prenne garde, la France ne s'appartient pas à elle seule, elle appartient à toute l'Europe.... Il ne dépend donc pas d'elle de se constituer pour elle seule, et elle n'a pas le droit de chercher ailleurs un modèle, lorsqu'elle doit elle-même en servir aux autres.

58. Tout royaume divisé en lui-même sera détruit, dit le grand Livre de la morale publique ; il y a plus de véritable politique dans ce passage de l'Evangile que dans tout l'esprit des lois....

59. Dans les drames des révolutions, comme dans ceux du théatre, il y a plusieurs péripéties ; mais il n'y a jamais qu'un dénouement. Quand le spectacle se prolonge, les spectateurs, pressés de sortir, prennent souvent les autres *actes* pour la fin de la pièce; et les acteurs eux-mêmes qui changent d'un acte à l'autre, au moins d'habit et de rôle, s'y trompent presque toujours. A la dernière catastrophe paraît le *Deus in machina*, et la grandeur du sujet exige son intervention : *Nec Deus intersit nisi dignus vindice nodus.*

Les voilà ces pensées si vraies, si lumineuses, si chrétiennes, si monarchiques et si royales ; elles portent leur commentaire avec elles, ou plutôt il est écrit en traits indélébiles dans le drame sinistre et dans l'épopée si lamentable de nos égarements et de nos malheurs. Ces considérations sont empreintes, aujourd'hui plus que jamais, d'une clarté saisissante, et nous serions tentés de dire que si l'Evangile est le code divin de la religion, les vérités sociales proclamées par l'illustre philosophe, ces vérités si pleines de foi, d'expérience et de sagesse, sont comme l'Évangile de la politique.

Après M. de Bonald, on lira encore avec intérêt quelques pensées de l'illustre Joubert, sur la liberté, le pouvoir et les constitutions. On sait que cet excellent homme, observateur non moins profond que judicieux, esprit si fin et si délicat, était un des amis les plus intimes de Châteaubriand.

1. Le plus grand besoin d'un peuple est d'être gouverné, son plus grand bonheur d'être bien gouverné.

2. La multitude aime la multitude, ou la pluralité dans le gouvernement ; *les sages y aiment l'unité.*

3. Ceux qui veulent gouverner aiment le République, ceux qui veulent être bien gouvernés n'aiment que la monarchie.

4. Il n'y a point d'art, d'équilibre et de beauté politique chez un peuple, où la force et la puissance sont dans les mains *du grand nombre.*

5. Quoi qu'on fasse, le pouvoir est *un* partout, nécessairement, inévitablement, *indispensablement un et homme*. C'est bien la peine de tant se tourmenter pour donner à cette unité une apparence multiple et trompeuse.

6. Un roi ne doit comme Henri IV se mettre en tutelle que l'épée au côté.... un roi sans religion paraît toujours un tyran.

7. Aucun gouvernement ne peut être une affaire de nécessité.

8. Les constitutions ont besoin d'élasticité, elles la perdent quand tout y est réglé par des lois fixes.

9. Les constitutions ont été, sont et ne sauraient être que filles du temps.

10. Les hommes naissent inégaux, le bienfait de la société est de diminuer cette inégalité autant que possible, en procurant à tous la sûreté, la propriété, l'éducation et les *secours*.

11. Demandez des *âmes libres*, bien plutôt que des *hommes libres*; la liberté morale est la seule nécessaire : l'autre n'est bonne qu'autant qu'elle favorise celle-là.

12. Il faut qu'il n'y ait, en rien, une liberté sans mesure, car une liberté sans mesure *est un mal sans mesure*.

13. La liberté doit être comme dans une urne, et l'urne dans les mains du prince, pour la déverser à propos.

14. Point de liberté, si *une volonté forte et puissante* n'assure l'ordre convenu.

15. Quand la Providence divine livre le monde à la liberté humaine, elle laisse tomber sur la terre *le plus grand de tous les fléaux*.

16. La liberté publique ne peut s'établir que par le sacrifice des libertés privées.... on ne partage la liberté avec personne, sans en céder et en perdre une portion.

17. On peut *plaider* les causes; mais il ne faut pas plaider les lois... dont la source doit être *sacrée*, et par conséquent *cachée*.... ne l'exposez donc pas au grand jour. Quand les lois naissent de *la discussion*, elles ne viennent plus *d'en-haut*, elles naissent alors *justiciables de la chicane*.

18. On doit employer les sages à décider, et non pas à délibérer: leur voix doit faire *loi* et non pas faire nombre.

Autres pensées sur le siècle et sur quelques autres sujets.

1. Il y a *civilisation* par la religion, la pudeur, la bienveillance, la justice; car tout cela *unit* les hommes, et *incivilisation* ou retour à la barbarie par l'esprit de contestation, l'impiété, l'audace, l'ambition, l'égoïsme, l'ardeur du gain; car tout cela les *désunit*.

2. Les esprits propres à gouverner non-seulement les grands États, mais même leur propre maison, ne se rencontrent presque plus.

3. Le siècle est travaillé par la plus terrible des maladies de l'esprit: *le dégoût des religions*. Ce n'est pas la liberté religieuse qu'il demande, mais la liberté irréligieuse.

4. Nos réformateurs ont dit à l'expérience: tu radotes, et au temps passé: tu es un enfant.

5. Toutes les fois que les mots: autel, tombeaux, héritage, terre natale, mœurs anciennes, nourrice, maître, piété, sont entendus ou prononcés avec indifférence, tout est perdu.

6. Nous sommes gouvernés par des erreurs et par des prestiges; erreurs dans les opinions, prestiges dans les hommes, la liberté, le jury, *l'utilité supposée des représentations nationales, sont des erreurs*; Mirabeau et Napoléon furent des prestiges.

7. Rempli d'un orgueil gigantesque, et, comme les géants, *ennemi des dieux*, ce siècle a dans toutes ses ambitions des proportions colossales; vrai *Leviathan* entre les siècles, il a voulu les dévorer tous.

8. Nous vivons dans des conjonctures si singulières, que les vieillards n'y ont pas plus d'expérience que les jeunes gens. *Nous sommes tous novices, parce que tout est nouveau.*

9. Comme de vrais écoliers, nous avons tout brisé chez nous, pour montrer que nous étions les maîtres.

10. On craint aujourd'hui l'austérité des mœurs dans le prince, plus qu'on n'y craindrait la rapine, la cruauté, la tyrannie.

11. *Pouvoir législatif, exécutif, etc.*, ce ne sont là que des chiffres. On a porté, dans la politique et jusque dans la morale, les procédés et presque le langage de l'*Algèbre*. Au lieu de lettres, on se sert de mots abstraits, mots nouveaux, notions obscures, qui ne sont pour l'esprit que des ombres sans corps.

12. Être capable de respect, est aujourd'hui presque aussi rare qu'en être digne.

13. Il faut opposer, aux idées libérales du siècle, les idées morales de tous les temps.

14. Il ne peut y avoir de bon temps à venir, que celui qui ressemble aux bons temps passés.

15. Beaucoup de mots ont changé de sens, celui de *liberté* par exemple. Chez les anciens: Je veux être *libre*,

signifiait : Je veux gouverner la cité, et il signifie parmi nous : Je veux être indépendant.

16. Le peuple est capable de vertu, mais incapable de sagesse.

17. Le public vertueux et judicieux est seul le véritable public.

18. La voix du peuple n'a d'autorité que lorsqu'elle est celle d'un peuple contenu.

19. Les peuples qui ont perdu la vertu et le vrai savoir, ne peuvent plus les recouvrer. Personne, à l'exception des véritables sages, ne veut revenir en arrière, même pour reprendre le bon chemin.

20. Tout ce qui se corrompt fermente.

21. Il y a, dans chaque siècle, ce qu'on peut appeler l'*esprit du temps*, sorte d'atmosphère qui passera, mais qui pendant sa durée trompe tout le monde sur l'importance et sur la vérité même de la plupart des opinions dominantes.

22. Flatter le peuple dans les tempêtes politiques, c'est dire aux flots de gouverner le vaisseau, et au pilote de leur céder.

23. Les journaux et les livres sont plus dangereux en France qu'ailleurs, parce que tout le monde y veut avoir de l'esprit et que ceux qui n'en ont pas, en supposent toujours beaucoup à l'auteur qu'ils lisent.

ÉPILOGUE

OU

Récapitulation des défauts et des dangers les plus graves des Gouvernements constitutionnels.

Le régime constitutionnel ou parlementaire suscite et provoque des objections presque sans nombre. Après l'étude qu'on vient de lire, et les importantes citations qui en confirment les conclusions, nous croyons utile de grouper les principales difficultés dont la réunion, en un seul faisceau, nous paraît de nature à produire pour tout homme de sens et de bonne foi, surtout s'il a le bonheur d'être catholique, une conviction plus complète.

1. Le régime parlementaire est nouveau dans le monde humain, et ce caractère de nouveauté suffit pour le rendre suspect.

2. L'Écriture, qui renferme toute vérité et particulièrement les plus essentielles à la société fondée par Jésus-Christ, n'en articule pas un seul mot.

3. Elle nous parle souvent des princes, de l'unité et de l'indépendance de leur pouvoir; mais jamais de la division de ce pouvoir souverain, partagé entre plusieurs.

4. Dieu, qui s'appelle le Roi des rois, n'est pas un roi constitutionnel qui règne et ne gouverne point. Les hommes qui tiennent sa place sur la terre, le pape et le roi, doivent agir sous son nom et gouverner comme lui, parce qu'ils sont les dépositaires de son autorité.

5. Tout royaume divisé, c'est-à-dire tout pouvoir divisé, fractionné, sera détruit, comme l'enseigne la vérité incarnée.

6. La division du pouvoir souverain a contre elle : 1° L'esprit et même la lettre des deux Testaments : 2° l'expérience de soixante siècles ; 3° celle même de son passé qui a été fatale ; or, l'arbre se reconnaît à ses fruits.

7. Ce régime constitutionnel s'appuye sur deux fondements ruineux : sur la liberté de la *presse*, qui entraîne en France, plus qu'ailleurs, d'énormes et inévitables abus, et les luttes électorales, double dissolvant d'une rapidité et d'une énergie effrayantes.

8. Ce régime nous est arrivé de l'Angleterre, *avec la Charte de 1814*, c'est-à-dire d'un peuple atteint du mal invétéré de l'hérésie. La lumière de la vérité a-t-elle pu sortir d'une telle source ; né de la révolte, il porte, en lui le principe, l'esprit et le cachet de son origine.

9. C'est un demi-gouvernement appliqué à une nation qui, pour être heureuse, a besoin plus qu'une autre d'être justement et fortement gouvernée.

10. Il tend à introduire l'*erreur* , c'est-à-dire la *division* qui en est le principe, non-seulement dans l'État, mais encore dans la famille et dans l'Église, à faire du père et du pape, comme du prince lui-même, un chef *constitutionnel* ; du père qui se mettrait dans la dépendance de ses enfants, et du vicaire de Jésus-Christ qui se placerait dans celle du concile.

11. Ce régime qui déchire la robe sans couture de la

souveraineté, porte une atteinte visible aux sentiments de respect, d'obéissance et d'amour dus par les inférieurs à leurs supérieurs quels qu'ils soient : pontife, roi, père ou maître, *même à ceux qui sont difficiles et fâcheux.*

12. Comme toutes les vérités, les erreurs se tiennent, et si les principes constitutifs sont faussés dans l'État, ils le sont bientôt dans la famille et dans la religion.

13. L'autorité nécessaire à toute société qui veut vivre étant détruite à tous les degrés de l'échelle sociale, il faut la reconstituer sur ses vrais bases, sous peine de mort; et ce n'est pas un système d'équilibre ou de juste milieu entre l'*erreur* et la *vérité* politique, qui pourra la rétablir parmi nous et lui rendre, par des habiletés humaines, cette *puissance* et cette *majesté* qu'elle tient de Dieu seul.

14. Les assemblées délibérantes sont essentiellement impropres à faire de bonnes lois, et les lois sont d'autant plus multipliées et d'autant plus mauvaises, qu'il y a plus de législateurs.

15. Un gouvernement bon ou mauvais fait insensiblement à son image la société qu'il régit, et la corruption ayant fait, depuis 89, dans la société française, des progrès rapides et universels, la conclusion inexorable est qu'elle a été mal gouvernée.

16. Les malheurs, les calamités, les catastrophes se sont accumulés dans la période révolutionnaire, plus nombreux et plus effroyables que dans les 13 siècles de monarchie catholique, preuve accablante de la fausseté des institutions;

17. En sorte que le progrès du mal en toutes choses a marché de front avec le progrès des nouvelles lumières.

18. Le gouvernement parlementaire s'est tellement séparé de toute idée religieuse que, dans des assemblées qui représentent la France, cette fille aînée de l'Église, on

n'ose plus même prononcer le nom de Dieu et encore moins celui de Jésus-Christ.

19. Le prince y est considéré moins comme un souverain et un maître, que comme un fondé de pouvoir et le premier commis de la nation, en sorte que la majesté royale n'est plus qu'un souvenir, et que le mot de *sujet* n'est plus français, étant désormais rayé du dictionnaire de la politique.

20. Dans l'équilibre constitutionnel, l'élément démocratique tend toujours à dominer. Il y a lutte et rivalité continue entre ce pouvoir et celui de la couronne, et la victoire de l'un ou de l'autre est le signal d'une révolution.

21. On objecte qu'un contrôle sérieux est indispensable pour empêcher les écarts du souverain ; oui, sans doute, mais le contrôle ne doit pas venir de l'*inférieur*, surgir *d'en-bas*, mais descendre *d'en-haut*: le juge suprême, le divin moniteur, est uniquement le Dieu dont le prince est le délégué.

22. On insiste, on observe que les anciens parlements exerçaient un véritable contrôle sur les actes de l'autorité royale, mais on oublie qu'ils étaient sortis de leurs attributions et que leurs remontrances avaient dégénéré en usurpation et en révolte. Aussi n'ont-ils que trop contribué à la chute de la monarchie, etc., etc.

Maintenant, laissons la parole à des voix plus graves, et parmi les pensées les plus remarquables des deux publicistes dont nous venons d'invoquer le témoignage, méditons particulièrement les suivantes :

M. de Bonald. — 1. Il n'y a pas plus de deux constitutions : une bonne et une mauvaise, celle de l'*unité* du pouvoir, et celle de la *pluralité* des pouvoirs.

2. Les Corps les plus dangereux sont les Corps législa-

tifs, qui ayant une part légale et constitutionnelle du pouvoir, n'ont qu'un pas à faire pour s'emparer de l'autorité.

3. Le père de famille et le roi ne relèvent que de Dieu.

4. Si le pouvoir de l'Etat vient à s'affaiblir, la constitution populaire s'introduit partout, et dans l'Etat et dans la famille : (c'est ce que nous voyons).

5. Tout pouvoir vient du peuple, dit la politique moderne. Tout pouvoir vient de Dieu, dit la politique chrétienne. (Qui en croirons-nous?)

6. Il y a de quoi trembler pour la vérité, quand elle descend dans l'arène d'une assemblée délibérante.

7. Il n'y a, dans le décalogue, d'injonctions que pour les inférieurs, car Dieu ne pouvait se donner des lois à lui-même, dans la personne *de ses délégués*.

8. Tout pouvoir qui vient du peuple est nécessairement arbitraire ; car le peuple, dit Rousseau, a toujours le droit de changer ses lois, même les meilleures.

JOUBERT. — 1. Ceux qui veulent être bien gouvernés, n'aiment que la monarchie.

2. Quand la Providence divine livre le monde à la liberté humaine, elle laisse tomber sur la terre le plus grand de tous les fléaux.

3. On peut *plaider* les causes, mais il ne faut pas *plaider* les lois, dont la source doit être sacrée et cachée.

4. Nous sommes gouvernés par des erreurs et par des prestiges : erreurs dans les opinions, prestiges dans les hommes. La liberté du jury, l'utilité supposée des représentations nationales sont des erreurs. Mirabeau et Napoléon furent des pratiques.

5. Pouvoir législatif, exécutif, etc., c'est porter dans la politique les procédés de l'algèbre et en prendre le langage ; au lieu de lettres, on se sert de mots arbitraires, de

mots et de notions obscurs qui ne sont que des ombres sans corps.

6. Le peuple est capable de vertu, mais il est incapable de sagesse ; et sa voix n'a d'autorité que lorsqu'elle est celle d'un peuple contenu.

7. Il y a, dans chaque siècle, ce qu'on appelle l'esprit du temps, sorte d'atmosphère qui passera, mais qui, pendant sa durée, trompe tout le monde.

8. Flatter le peuple dans la tempête politique, c'est dire aux flots de gouverner le navire, et au pilote de leur céder.

Nous voici donc parvenu à la conclusion définitive de cette grande thèse où, dans le plus capital des problèmes sociaux, nous avons cherché la vérité à la sueur de notre front. Tâchons, en terminant, de réduire la question du pouvoir à ses éléments les plus simples et d'en résumer la solution dans un raisonnement unique, mais précis et rigoureux.

Ne peut-on pas dire aux catholiques et même aux protestants de bonne foi qui ne se trouvent pas, malgré tout ce qui a été dit, suffisamment éclairés : Vous reconnaissez, avec l'Eglise, avec l'Ecriture, que toute puissance vient de Dieu et que les princes ne règnent que par lui ; leur pouvoir est donc *sacré* ou *de droit divin*. Une autre souveraineté se produit à côté de celle-ci, la souveraineté du peuple, niée par les uns, acceptée par les autres. Cette souveraineté est en opposition formelle avec l'omnipotence du pouvoir royal ; et alors, de deux choses l'une : ou elle est d'institution humaine, ou elle est d'institution divine. Si elle n'est qu'humaine, elle est incomparablement au-dessous d'un pouvoir de droit divin, et elle doit d'autant plus s'effacer devant celui-ci, qu'elle n'est, en réalité, qu'une fiction. Si, au contraire, cette souveraineté est divine, une énorme contradiction ne peut être évitée, car Dieu lutterait ici, pour ainsi dire, contre lui-même en établissant, pour le gouvernement d'un peuple, deux pouvoirs incompatibles, deux puissances qui s'excluent. On insistera peut-être, en disant : Ce n'est pas le pouvoir royal qu'on attaque, ce sont les abus. Nous répondons que Dieu a seul le droit d'y porter remède ; et, quand la réforme vient *d'en-bas* au lieu de venir *d'en-haut*, loin d'améliorer elle détruit : témoin *la Constituante* de 89. Vous ajoutez qu'il faut un contrôle, oui, sans doute; mais pour être efficace, il faut, avant tout, qu'il soit légitime, c'est-à-dire que le pouvoir qui redresse doit être au-dessus du pouvoir redressé, ou il y a empiétement et usurpation. On a vu, pendant plusieurs siècles, une autorité reconnue et respectée par tous, exercer en Europe un salutaire arbitrage et une juridiction suprême qui protégeait efficacement la société du moyen âge contre les violences des princes et la brutale ignorance des peuples. Ce merveilleux balancier de la politique chrétienne ayant malheureusement disparu sans espoir de retour, un roi catholique est, aujourd'hui, humainement irresponsable : ce qui, au point de vue de la conscience et du devoir, rend plus grande, devant Dieu, sa responsabilité réelle.

Ajoutons que cette indépendance du pouvoir est une vérité tellement élémentaire que, de tout temps et même de nos jours, elle a été appliquée à tous les degrés de l'échelle administrative, où nous voyons qu'il n'est jamais permis à un subordonné de décliner l'autorité de son chef immédiat, et que les abus de pouvoir ne peuvent être corrigés qu'en faisant un appel à un chef supérieur. S'il en était autrement, il n'y aurait pas de gouvernement possible, et l'organisation la plus parfaite ne durerait pas huit jours. Appliqué dans une armée, au commandement et à la discipline militaires qui sont incompatibles avec la pluralité des généraux, ce grand principe est encore d'une nécessité plus frappante et plus inflexible.

Il paraît donc invinciblement démontré que l'indépendance absolue du pouvoir souverain est indispensable, inhérente à sa nature, et que ce pouvoir ne peut exister qu'à cette condition. D'ailleurs il est, entre les mains du monarque, un dépôt inviolable qu'il doit conserver intact et qu'il ne lui est pas permis d'amoindrir par des concessions qui l'affaiblissent et par des divisions qui le mutilent.

Qu'on nous permette encore une dernière parole : Ces réflexions douloureuses, nous les publions sans passion, sans esprit de parti, n'ayant pas eu d'autre mobile que le désolant spectacle de la société en péril et, en particulier, de notre malheureuse patrie. Oui, nous n'avons ici en vue que l'intérêt vrai de tous les Français sans exception, et non-seulement celui des hommes d'ordre, quel que soit leur symbole politique, mais plus encore l'intérêt des aveugles, des égarés, des coupables, qui sont les plus nombreux et les plus à plaindre. Tout ce que nous avons dit, est le résultat d'une étude sérieuse, qui a produit en nous une conviction intime et raisonnée ; mais, plus cette conviction est profonde, plus elle nous attriste et nous épouvante ; car ne nous lassons pas de le redire, le monde européen, s'il ne s'arrête pas sur la pente rapide qui l'entraîne, ne peut échapper à une catastrophe imminente qui fera disparaître, dans un même gouffre, avec ceux qui croient encore en Dieu, les insensés qui ne croient plus qu'en eux-mêmes, et les bourreaux avec les victimes.

Ne finissons pas sans avertir que cette étude de notre état social, n'ayant pas été faite dans un esprit d'opposition, de dénigrement et de vaine dispute, nous renonçons d'avance à toute polémique. Toutefois, et malgré le suffrage préalable de quelques personnes consciencieuses et éclairées, s'il se trouvait dans cet écrit des erreurs plus ou moins graves de doctrine et de principes, nous serions heureux et reconnaissant qu'on voulût bien nous les signaler.

POST-SCRIPTUM (1).

En abordant l'étude si pénible de nos plaies et de nos douleurs, comment pouvions-nous prévoir les derniers excès de la nouvelle Commune de Paris, qui vient de surpasser sa mère de 93, par des horreurs sans nom que le soleil n'avait pas encore éclairées. Les plus beaux monuments de la plus magnifique des cités, livrés aux flammes par une légion de monstres, mâles et femelles, qui avaient prémédité et juré l'entière destruction de cette capitale du monde, n'est-ce pas là, parmi tous les points *noirs* d'une époque indéfinissable, le plus caractéristique et le plus imprévu ?

Une vaste association d'incendiaires qui compte aujourd'hui, dans toute l'Europe, des myriades d'affiliés, ne peut être une œuvre purement humaine, et nous devons évidemment la considérer comme une inspiration directe, comme un enfantement prodigieux du génie du mal. En effet, Satan n'est-il pas avant tout le roi maudit, pour ne pas dire le dieu du royaume du feu, de ce feu inextinguible dont celui-ci serait peut-être moins une ombre sinistre qu'un épouvantable écoulement ? Oui, reconnaissons, dans les brasiers dévorants et dans les rivières de

(1) Note de la page 67.

BIBLIOTHÈQUE NATIONALE R.F.

flammes de l'affreux pétrole, une des laves de cet immense volcan, de cette mer bouillonnante qui brûle et qui mugit sous nos pieds, et dont la violence, dont la durée incommensurable, n'ont pas d'autres limites que la justice et l'éternité divines.

SOMMAIRE.

Orgueil et bassesse. — Liberté et servilité. — Lumière et aveuglement. — Règne universel du mensonge. — Haine et mépris du passé. — Progression effrayante des suicides, des cas de folie, des délits et des crimes de toute nature. — L'éducation de la jeunesse abandonnée ou livrée aux leçons des docteurs de l'impiété. — La révolution française, véritable insurrection contre Dieu. — Haine de tout surnaturel divin. — Profession publique d'athéisme. — La France et l'Europe en face de Pie IX et de la Papauté. — Règne du génie du mal, invasion des puissances ténébreuses, spiritisme, esprits frappeurs. — Sociétés sécrètes, chef-d'œuvre de l'enfer. — Liberté de la presse, vraie boîte de Pandore. — Progrès continu de l'esprit démocratique et républicain. — Comparaison démonstrative de la république et de la monarchie. — Résultat et conclusion. — Examen du caractère et des effets de nos grandes découvertes. — Engins destructeurs, et guerre épouvantable de 1870, traits principaux qui la distinguent de toutes les guerres connues. — Abaissement prodigieux, et presque instantané de la France. — Caractère tout providentiel du déluge de calamités dans lequel elle se débat dans l'impuissance de l'agonie. — Deux Frances : l'une impie et maudite, l'autre bénie de Dieu ; excellence des œuvres de celle-ci. — Communautés, missionnaires, sœurs de charité. — Zouaves ponticaux. — Marie, reine du XIXe siècle, etc. — Conséquence manifeste des faits qui précèdent; il faut que la société change de voie, si elle ne veut pas périr. — Humilité nécessaire aux peuples, comme aux individus. — L'homme par lui-même n'est rien, ne peut rien, ne vaut rien. — Sans Dieu, sans autorité, sans obéissance, pas d'ordre, pas de liberté, pas de société possible. — La liberté est un bienfait du christianisme. — Résultat général des régimes républicains et parlementaires depuis 1789. — Conséquences dernières et conclusions pratiquées des faits, des conséquences et des principes contresignés dans cette étude. — Moyen unique de restauration.

Appendice.

Extraits remarquables des pensées de Bonald et de Joubert. — Épilogue.

BIBLIOTHÈQUE NATIONALE R.F. IMPRIMÉS

RENNES. — IMP.-LIB. T. HAUVESPRE, RUE NATIONALE, 4.

www.ingramcontent.com/pod-product-compliance
Lightning Source LLC
La Vergne TN
LVHW020411230826
846091LV00004B/1244